U0905563

黑珍珠餐厅指南
THE BLACK PEARL RESTAURANT GUIDE
2019

美团 大众点评

北京

BEIJING

人民交通出版社股份有限公司
China Communications Press Co.,Ltd.

图书在版编目(CIP)数据

2019黑珍珠餐厅指南. 北京：汉文、英文 / 黑珍珠餐厅指南组委会编. —北京：人民交通出版社股份有限公司，2019.5

ISBN 978-7-114-15521-5

Ⅰ. ①2… Ⅱ. ①黑… Ⅲ. ①餐馆—北京—2019—指南—汉、英 Ⅳ. ①F719.3-62

中国版本图书馆CIP数据核字(2019)第083347号

The Black Pearl Restaurant Guide 2019 · Beijing

书　　名：2019黑珍珠餐厅指南 · 北京
著 作 者：黑珍珠餐厅指南组委会
监　　制：邵　江
策　　划：张龙定
责任编辑：张龙定
责任校对：刘　芹
责任印制：张　凯
营　　销：吴　迪　李梦霁　陈力维
特约编辑：童　亮　刘楚馨
出　　版：人民交通出版社股份有限公司
地　　址：（100011）北京市朝阳区安定门外外馆斜街3号
网　　址：http://www.ccpress.com.cn
销售电话：（010）59636983
总 经 销：人民交通出版社股份有限公司发行部
经　　销：各地新华书店
印　　刷：北京印匠彩色印刷有限公司
开　　本：880 × 1230　1/32
印　　张：5.125
版　　次：2019年5月　第1版
印　　次：2019年5月　第1次印刷
书　　号：ISBN 978-7-114-15521-5
定　　价：125.00元

精选的中国味，世界的黑珍珠

2019年1月10日，美团点评发布了2019年度“黑珍珠餐厅指南”（以下简称“2019黑珍珠”），这是一份汇聚中国味蕾，通过严谨公正的评审体系遴选出的专业餐厅指南。

“2019黑珍珠”邀请了中国烹饪名师、知名美食家共同组成理事会，对最终餐厅名单负责；邀请了烹饪专家、美食领域意见领袖及美食体验家组成评委会，评委匿名提名餐厅、匿名造访餐厅，体验并客观公正地评分、评价；邀请热爱美食的企业精英、媒体精英和投资人组成特邀顾问，为评委会提供全方位建议和意见。同时，美团点评引入独立第三方机构普华永道对“2019黑珍珠”理事会评审阶段工作执行商定程序。

“2019黑珍珠”覆盖国内22城（北京、上海、广州、深圳、南京、杭州、苏州、武汉、重庆、宁波、厦门、天津、扬州、成都、西安、香港、澳门、台北、昆明、台州、汕头、顺德）和海外5城（东京、曼谷、新加坡、巴黎、纽约）。上榜餐厅分为三个钻级：三钻餐厅（一生必吃一次）、二钻餐厅（纪念日必吃）、一钻餐厅（聚会必吃）。其中，以三钻为最高等级。

“黑珍珠”的发布，不仅是要建立中国人自己的美食评判标准、为食客甄选出征服中国味蕾的优质餐厅，更冀望能够让中国乃至全世界的美食爱好者都能够从就餐体验中感受中国“味道”之美，领略这份传承数千年的文化魅力。

“黑珍珠餐厅指南”，中国人自己的美食榜，帮大家吃得更好，生活更好。

王兴

美团点评 CEO

中国文化博大精深，而美食文化正是中国文化最核心、最具代表性的组成部分。随着国力强盛，中国美食已出现在世界的各个角落，如何让世界人民从“中国味道”中感受到中国传统文化之美，正是“黑珍珠餐厅指南”创建的初衷。我们希望通过“黑珍珠餐厅指南”将中国美食文化中最精粹的部分提炼出来，用中国人的视角来评价、传播美食文化，让世界人民更多地了解中国美食的智慧和魅力。

我一直在想，做一份好的餐厅指南到底需要什么？我总结了一下，需要三样东西：有爱、有投入和有耐心。

第一，有爱。对美食有着持续不断的爱是做好一份餐厅指南最基本的条件，这个爱要超越味蕾。首先是对中国文化的爱。美食背后隐藏着传统文化的生趣，只有理解中国文化才能理解中国美食，比如家喻户晓的东坡肉，向世界传播美食文化的同时，也是在输出文化自信。当然，我们不是固守传统，而是在理解传统的基础上进行传承，让更多人喜爱。我们要逐步地发掘和复兴美食圈里的“老师傅”“独门手艺”，让中国美食精髓得以代代相传。其次，美食是一个将科技、文化艺术和商业完美结合的神奇领域，我们心怀对新技术和新艺术的热爱，在传统的美食文明上不断创新。科技的飞速发展让美食有了更多的可能性，如果没有量子技术，我们很可能无法发现食物本味的奥秘，紧紧地把握住新技术是打开未知美食世界的钥匙。美食体验是调动人类最多感官的艺术，在新时代美食品鉴场景中，不但融合传承了中国美食讲究的色香味，同时也创新性地发展出声光电结合的闻意形体验，多元化多场景的美食体味更像艺术品鉴会一样，新奇而有趣。如此地吃饭，不仅体现了美食智慧，也提出了一种新可能，创新性美食复兴将会有效带动中国文化的复兴。诚然，美食始终离不开商业，如果没有地理大发现带来的食材交换、全球贸易，我们可能都吃不到番茄炒蛋这道菜。最后，是对不同城市不同地域的爱，每道美食背后都是一群人、一个地域、一座城市的故事。品味美食传递的幸福满足感，会让你从对美食的大爱中，逐步过渡到对一群人、一座城的爱，希望“黑珍珠餐厅指南”能给覆盖到的每座城市带来经济繁荣，带动更多的旅游者体味幸福并爱上这座城。

第二，有投入。做好一份餐厅指南需要的不仅仅有财务上的投入，也有众多的资源和精力的投入。我们本着对美食文化负责的态度，规模性地投入人力、物力，我们需要设计运行整个系统、需要请人监理、需要请人评审，这样才能保证指南的质量。同时，我们做这件事的初心不是谋利，不向餐厅、厨师收取一分钱，这样才能保证指南的公正性和权威性。

第三，有耐心。万事都需要通过长时间的耐心累积才有成功的可能性，做好一份餐厅指南绝非一日之功，传承千年的中国美食文化中仍有很多的传统技艺需要去挖掘，同时需要结合新技术和新理念。很多的“老师傅”“独门手艺”需要一个个去寻找，同时也要发现少年英才。而今，我们推出了“黑珍珠餐厅指南”，我们就要有耐心和决心地一直做下去，将黑珍珠打造成一个能够反映中国味蕾，能经受住时间检验的全球美食榜。

珍珠是璀璨的，是有生命的，需要不断地维护，不然它就会失去光泽。希望借助我们的梦想和决心，可以让“黑珍珠餐厅指南”成为中国美食文化的骄傲，让世界人民感受到中国味道传递的幸福感和文化自信。

张川

美团点评高级副总裁、到店事业群总裁
“黑珍珠餐厅指南”组委会主席

2019年1月10日，2019年度美团点评“黑珍珠餐厅指南”发布。

回望过去，当2018年我们第一次做“黑珍珠”的时候，感受到的是“无畏”。我们带着互联网人的思维进入品质餐饮领域，只因认为要有一个中国人自己的美食榜单。

而到了2019年，更多感受到的是“敬畏”。我们希望“黑珍珠”不仅是一份餐厅指南，更能够扮演中国美食文化的发扬者和中国餐饮行业推动者的角色。

中国美食文化源远流长。“黑珍珠”被越来越多的美食爱好者关注，得到了众多名厨、美食家、美食意见领袖的支持之后，我深感肩上的责任更加重了——开启“黑珍珠”这扇大门的同时也开启了整个中国美食文化的宝库，惊喜的同时更感受到使命感。这座宝库需要我们整个团队，逐步地将“中国味蕾”的内涵真正地沉淀下来。“黑珍珠”不仅仅属于美团点评，更属于中国餐饮人，这份指南汇聚了整个中国美食界乃至民众的热情。打造“中国人自己的美食榜”，需要更多的智慧和经验，才能让“黑珍珠”成为一个世界级的品牌，成为中国文化的重要组成部分。

在未来，我们会持续关注“黑珍珠”最核心的部分：既要坚持“中国味蕾”的精神内核，更要确保“黑珍珠”的权威和公正，坚持评委匿名，坚持体系公正，坚持不以盈利为目标，这样才有助于“黑珍珠”的长期健康发展。

最后，要感谢所有的“黑珍珠”餐厅包括主厨、经营者在内的工作人员，正是他们日复一日地不断努力，才得以让我们有幸品尝到精彩的中国美食——他们是真正地中国美食文化的代表；感谢“黑珍珠”评审委员会的理事、评委和顾问们，他们作为行业专家为这份指南提供了多维度的专业建议，他们的严谨和大公无私保证了这份指南的专业和客观；感谢“黑珍珠”团队的辛勤付出，他们不断精进评审体系，珍视黑珍珠品牌，将责任扛在了肩上。希望所有的餐饮人一起努力，弘扬中国美食文化，做“中国人自己的美食榜”，把中国美食文化传遍世界，更让中国味蕾惊艳世界。

董克平

“黑珍珠餐厅指南”理事会成员

食评人

走向舞台中央的中国厨师

2019年1月10日，2019年度美团点评“黑珍珠餐厅指南”在澳门发布，287家餐厅获得了黑珍珠餐厅的荣誉，这是对于它们以往工作的认可。而保持荣誉持续创新，以更好的作品证明自身的优秀，则是入选餐厅要认真坚持的。

发布当天，我们可以看到上台领奖的一部分是餐厅管理者，但更大一部分是餐厅的主厨。这一场景让人感动：曾经的幕后英雄们开始逐渐走上台前，享受他们应得的那一份荣誉。

在中国古代，餐饮行业被人们称为“勤行”，并不被人认可。而厨师的社会地位更是低下，尽管出现了凭借厨艺进阶成为一代名相，并被后人奉为“中华厨祖”的伊尹，但直到宋朝之前，厨师都不是一个独立的职业，而仅仅只是大户人家的佣工和家奴。

孟子一句“君子远庖厨”被后人曲解，让后人看不起厨师这个行当。其实，孟子这句话说的不过是一种不忍杀生的心理状态，并没有看不起厨师的意思，后人忘记了孟子言论的大义，却让厨师和厨师行业背了上千年的黑锅。

孙中山先生在《建国方略》中把中国烹调与美术并列，认为中国烹饪是一种美的创造，“夫悦目之画，悦耳之音，皆为美术，而悦口之味，何独不然？是烹调者，亦美术之一道也。”孙中山先生把形而下的物质（食物）上升到形而上的审美，是对中国饮食的褒奖与正名。如果按照孙中山先生的观点观照中国烹调、观照食物菜品，这些审美对象的创造者则正是那些社会地位不高的厨师。

厨师地位的改变依赖于社会发展和文化昌明。16世纪初叶，西方社会摆脱中世纪的黑暗，开始走向现代社会。欧洲厨师走出宫廷流向民间，将宫廷饮食带到他们经营的餐馆里，没有了封建的桎梏，厨师的创造力有了发挥空间，烹饪创新层出不穷，科学并艺术化对待食材成为新菜品涌现的源泉。由此，欧洲烹饪正式进入了现代化的进程。

中餐这一过程开始于改革开放后，随着经济的快速发展，国家实力增强，饮食行业在市场需求刺激下，发展迅速。旺盛的市场和先进的理念，造就了一批行业富翁和行业精英，改造中国菜的同时也改变了中国厨师的地位。一方面，为了满足精英食客们的需求，厨师们不断努力开阔眼界，在继承传统的基础上创新，最终打造出属于自己、属于中国的烹饪风格；另一方面，像黑珍珠餐厅指南这类榜单的推出，又进一步将厨师介绍给大众。中国厨师正在经历一场从幕后到台前的大转换。

其中更有一些佼佼者，已经开始在国际舞台大放光彩。大董将中国古典文学艺术与烹饪结合，给人们带来美味的同时，也艺术化的表达中国味道，由此被媒体评为“城市英雄”；杭州的厨师王勇更是获得了国际知名杂志“年度厨师”荣誉……

厨师的劳动与创造出的百般滋味、千样芳华，愉悦着人们的生活。在我看来，他们就是当代的城市英雄，其中的佼佼者必定是美食世界里的超级IP，名厨造就名店，名店成就名厨，名店名厨的组合，成为寻味逐鲜者的目标。这是社会发展在饮食上的必然现象，也是黑珍珠餐厅指南的意义所在。

孙兆国

“黑珍珠餐厅指南”理事会成员
烹饪大师

创新是一个历史的延续

中餐的创新还是要依附于传统。

尊重中餐的丰富性、多样性，但同时也要很好地借鉴国际化的餐饮趋势，用一些好的设备和技法让中餐既保持其特有的美味、口感，又能以西餐的方式呈现。

创新不忘本，传承不守旧。

中餐的立足之本就在于其传统所给我们带来的理念以及烹饪技法。我们可以创新，可以在它的基础上加以创新，但绝不是胡乱搭配，生搬硬套。因为中餐是有“根”的，每一道菜都有属于它的故事，有的故事是无法舍弃和忽视的。

如，我的一道“5号牛排”，首先它是中国人喜欢的口味，同时也是一块全熟的牛排。用西餐低温慢煮的方法保持了牛排的鲜嫩，配上黑胡椒碎和柠檬汁泡沫的搭配，起到了很好的解腻起香的效果，巧妙地将中餐和西餐元素相结合。

中餐的根基在于我们生长的这片土地。因为全国各地有不同的气候、土壤、风俗习惯，不同的食材特点也完全不一样。各个地方的人根据当地生活习惯以及特色烹饪方法，做成了各地特有的风味。我一直在全国上下搜寻好食材，到四川省会东县挖松露，到安徽省的徽州定制菜籽油，一款合适的食材是做一餐好菜的基础。

而中餐的缺点就是相信自己的经验主义，但其特色也正是自己的经验主义。中餐的烹饪方式很多，有蒸、煮、炖、炒、熘、炸、烙、烤等多种，而这些多种多样的烹饪方式很多都是经验主义而无法被复制的，也是无法被先进设备所替代的。

所以中餐的科学化、标准化是多年来烹饪界一直在探讨的问题，的确是非常困难的事情。也只能说标准化、科学化在中餐中的味型和理念是完全不同的。

中餐配葡萄酒也同样如此，它是一种流行趋势，但绝不是最佳搭配。葡萄酒真正进入中国市场也就近20年，不一样的餐配不同的酒，而红酒更偏向西餐。中餐的味型比较复杂，尤其是现在川菜占领了半壁江山，任何红酒、白葡萄酒对于麻辣来说是显得那么暗淡无味。其他口味派别的菜也是变幻多端的。中餐的滋味代表着温度，热的汤、重口味的菜，不同的复合味型，造就了我们最熟悉的中国味道。

真正意义上来说，从古至今，中餐配餐的饮品是茶。餐前茶可以选用绿茶，清香开胃，适合配茶点凉菜；餐中茶选用贡菊，清口解腻，而且很好地清洁口腔，平衡味觉；餐后则适合配红茶，茶中含有的茶多酚能很好地分解胆固醇。

黑珍珠餐厅指南要做“中国人自己的美食榜”，发掘“中国味蕾”，客观上对于中餐有很大促进作用。从味型、烹饪方式、搭配、口味等方式评判中国人自己的食物，是一个正确的方向。

希望未来的中餐要更健康、美味，从而走向国际舞台，将中餐真正地发扬光大。

目录

“黑珍珠餐厅指南”理事会寄语

（按姓名拼音首字母排序。如第一个字首字母相同，按照第二个字首字母排序）

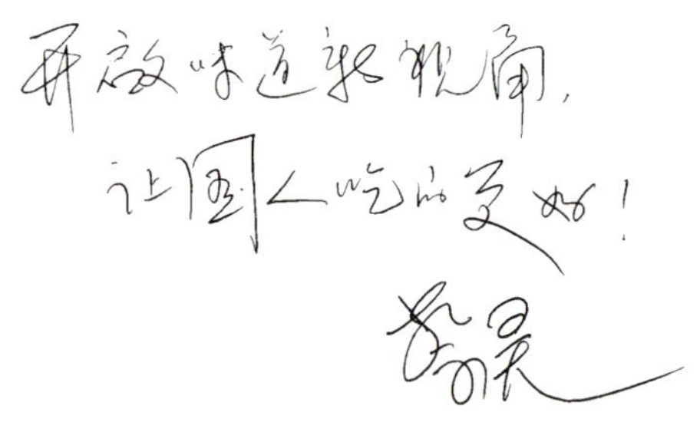

好味道经得起品评，

值得让更多人分享。

大董

黑珍珠餐厅指南，建立饮食文化自信的坚实出发点。

董克平

传中华美食之大成

享人间美味之道

胡丽姝

大味至简 百感厨心

为黑珍珠捕真味传厨心点赞。

寻美食新径

品饕餮至味 厉晓麟

好的味道，经得住最严苛的考验，也值得让更多的人品尝与分享。愿黑珍珠助力中国美食文化让更多人懂得、喜欢。

捕味者 孙兆国

捕人间至味

传美食大道 周晓燕

人生岂能只若初见，

更有爱与美食与子偕老。

“黑珍珠餐厅指南”承诺

匿名造访

专业评委在造访入围餐厅时，采取匿名方式，以平常顾客的身份，按一致标准对餐厅进行评分。在评审期，评委身份一经泄露，该评委所有打分作废，并取消其评委资格。

专业权威

“黑珍珠餐厅指南”组委会根据入围餐厅的菜系和评委专业领域等因素向入围餐厅派发评委评审餐厅，评委须实地匿名造访餐厅，并试吃、评分和评价。理事会汇聚中国美食烹饪领域的知名大师及知名美食家，对评选结果进行最终把关。

公正评选

坚持公正公平的原则。同时，引入独立第三方机构普华永道[1]执行商定程序；理事会及评委在评审前进行利益相关申报，并在评审环节回避利益相关餐厅。

周密和谐

严格遵守评判标准，确保对每一项评判细则做到细致入微。同时，兼顾考虑中国美食文化的传承和创新，达到和谐共鸣。

融合发展

向世界呈现来自中国的美食评判标准，输出中国美食文化，助力中国菜系提升世界影响力。

---

❶ 普华永道为普华永道中天会计师事务所（特殊普通合伙）的简称，对“黑珍珠餐厅指南”理事会评审阶段工作执行商定程序。

钻级体系

“黑珍珠餐厅指南”中的餐厅分别对应三个不同的钻级，其中，以三钻为最高等级。“黑珍珠餐厅指南”将定期更新发布。

评选标准

烹饪水平

食材质量及搭配、口感体验、烹饪技艺、鲜香呈现。

体验感受

环境氛围、服务管理、设施配套、餐-饮搭配。

传承创新

文化传承、创新融合。

评审体系

理事会

由中国烹饪名师、知名美食家组成。理事不参与餐厅匿名造访及评分，且不能增补最终上榜餐厅名单，其投票表决隐私性受技术手段全面保护。

理事会共计 18 人，分别为（按姓名拼音首字母排序。如第一个字首字母相同，按照第二个字首字母排序）：

蔡昊
美食家
威士忌品鉴家

董克平
食评人

董振祥
烹饪大师

黄海
美团点评
高级副总裁
点评平台负责人

黄珂
资深美食
文化人

胡丽妹
烹饪大师

兰明路
川菜烹饪大师

厉晓麟
厉家菜传人

吕杨
葡萄酒侍酒师
大师

林镇国
国际烹饪大师

欧阳应霁
饮食文化策展人
美食作家

彭树挺
美食评论家

孙兆国
烹饪大师

王冲霄
纪录片导演

王兴
美团点评 CEO

张川
美团点评高级副
总裁
到店事业群总裁

周晓燕
烹饪大师

赵胤胤
殿堂级钢琴家
美食家

评审委员会

由烹饪专家、美食领域意见领袖、美食体验家组成。

评审委员会职能：

- 匿名提名餐厅、匿名造访餐厅，依据评审规则，体验并客观公正地评分、评价；
- 从烹饪水平、体验感受、传承创新等角度，对入选餐厅进行全方位公正鉴别和评判，并对所造访餐厅进行公正评价。

部分评委名单（按姓名拼音首字母排序。如第一个字首字母相同，按照第二个字首字母排序）：

柏邦妮
编剧
美食爱好者

吃心
“一片吃心”
主理人

Chris St.Cavish
SmartShanghai
主编

戴踏踏
独立食评人

董馨
资深媒体人

尔雅
美食作者
记者

范范
“饭醉行”
主理人

敢于胡乱
“舌尖”云南
顾问

晁荡范
美食旅行专栏
作者

Kevin Chan
知名美食旅行家

李舒
美食文化研究者

林贞标
美食畅销书作家

马达
“什么值得吃”
创始人

喃猫
美食作者
主持人

秦峰
企业家
美食家

秦卓男
本帮菜第五代
传人

Susan 爱吃
深圳资深饕客

沈嘉禄
美食作家
记者

斯小乐
资深美食撰稿人

孙宵祎
樽赏网站创始人

喜北
食评人
美食博主

叶酱
资深美食作者

周磊
日本餐饮撰稿人

周思薇
Little Bao 创始人

张维彬
宁波资深饕客

注：以上评委名单为 2019 年度“黑珍珠餐厅指南”评委会中的部分评委。以上选择公开身份信息的评委，将不会进入下一年度“黑珍珠餐厅指南”评委会。

特邀顾问

由热爱美食的企业精英、媒体精英和投资人组成。

顾问职能：为 2019 年度“黑珍珠餐厅指南”评委会提供全方位建议和意见。

成员名单为（按姓名拼音首字母排序。如第一个字首字母相同，按照第二个字首字母排序）：

分众传媒创始人江南春、作家沈宏非、新浪微博 CEO 王高飞、百度副总裁王路、金沙中国有限公司总裁及执行董事王英伟、今日资本创始人及总裁徐新、著名演员朱亚文等。

江南春
分众传媒创始人

沈宏非
作家

王路
百度副总裁

王英伟
金沙中国有限公司
总裁及执行董事

徐新
今日资本创始人
及总裁

朱亚文
著名演员

Visa非凡食客
中国味蕾 赏味全球
VISA
墨珍珠餐厅指南
美团 大众点评

评选规则

- 餐厅提名及相关利益申报：美团点评联合评委会、理事会出具入围餐厅名单并完成利益相关申报工作。
- 餐厅食品安全及相关经营资质审核：“黑珍珠餐厅指南”组委会审核第一轮入围餐厅的食品安全及相关经营资质。
- 入围餐厅名单决议：理事会成员针对第一轮入围餐厅进行线上背对背投票。
- 公示：美团及大众点评在其手机客户端上对入围餐厅名单进行公示，在线收集各界意见与建议。
- 匿名造访打分：评委匿名造访、试吃入围餐厅，并提交评分、评价信息。
- 线下终审：“黑珍珠餐厅指南”组委会召集理事举办线下终审会。理事通过评审工具对评委评选出的第一轮上榜餐厅名单进行背对背投票表决。独立第三方机构普华永道全程参与线下终审会，对 2019 年度“黑珍珠餐厅指南”理事会评审阶段工作执行商定程序，统计并确认最终上榜餐厅名单。

解释说明

1. 公正原则

“黑珍珠餐厅指南”承诺，是否入围、上榜与是否购买美团点评的产品无关。如有任何人员或组织单位，以帮助“入围”或“上榜”名义，收取任何形式的服务费用，请保留证据，提交至 heizhenzhu@meituan.com，或致电 101 001 07 商户服务热线（工作时间：周一至周日 9:00—21:00），进行举报。美团点评会对涉案人员进行严厉处罚，并保留诉讼权力。

2. 匿名原则

理事会成员为公开。

评委会成员为匿名。榜单发布后选择曝光信息的评委，不得进入下一年度“黑珍珠餐厅指南”评委会。

特邀顾问为公开。特邀顾问不参与餐厅的匿名造访和评分，不能决定上榜餐厅名单。

3. 保密须知

涉及 2019 年度“黑珍珠餐厅指南”，包括但不限于 2019 年度“黑珍珠餐厅指南”提名评审流程、工具、体系信息，评委身份及其他信息属商业机密，所有权属于美团点评。其所涉及的内容和资料只限于已签署合作协议的评审专家填写。未经美团点评的书面同意，评审、理事及顾问不得将项目资料（包含不限于 2019 年度“黑珍珠餐厅指南”提名评审工具、手册及其他相关信息）全部或部分地予以复制、截屏、传递给他人、影印、泄露或散布给他人。

4. 处罚措施

在榜单评选中和发榜后，美团点评保留对出现食品安全、卫生防疫、重大事故、炒作等严重不符合本榜单评选标准的餐厅取消榜单资格、下线、处罚的权力。

黑珍珠餐厅指南

THE BLACK PEARL RESTAURANT GUIDE

注：按照餐厅钻级由高到低排序，同等钻级餐厅排名不分先后。

餐厅图标使用说明

联系方式　地址　营业时间　人均消费　停车场

服务费　WIFI　侍酒师服务　支持移动支付　需预订

包厢　儿童座椅　景观位

一生必吃一次

纪念日必吃

聚会必吃

北京味道里的江湖变迁

文/小宽

1963年，国家饮食服务管理局出版了一套书籍《中国名菜谱》，第一辑是“北京特殊风味”，其中提到了全聚德的挂炉烤鸭、东来顺的涮羊肉、烤肉季的烤肉、砂锅居的砂锅白肉、金生隆的爆肚、景泉居的苏造肉、会仙居的炒肝、豆汁张的豆汁……

到了2018年，其中一些字号已经消失，风流早被雨打风吹去，但是其中的菜品、料理手法、味觉审美、群体记忆都顽强地存留在这座城市的肌理之上。哪怕时间已经过去半个多世纪，口音与味道，依然传承着一座城市的灵魂。人们提及代表北京的味道，依然是：烤鸭、涮肉、烤肉、炒肝爆肚、豆汁焦圈、卤煮火烧。

在美团点评的“黑珍珠餐厅指南”中，北京排名前列的是大董、做北京菜的乡味小厨、以烤鸭著称的1949全鸭季……这些滋味连接着这个城市口感的过往与未来。

2003年，我来到一家刚刚成立的报社，做了一名专注美食与生活方式的记者。那是一个开始，我开始以旁观者的视角打量这个城市的味道变迁。味道的变迁史，就是社会审美的参照，打量过往，一切有迹可循：一条条街区的兴起与衰落，一道道菜品的火爆与冷清，它们构成了城市历史的一部分。

前些年，北京高端餐饮的代表还是俏江南、净雅、顺峰、金悦、湘鄂情，如今它们纷纷落寞。或者毁于资本的介入，或者败于国家政策的变化，那个年代的高端餐饮，只有高端，没有美食，包房富丽堂皇，消费一掷千金，各种奇技淫巧，成为斑斓的泡沫。

后来异军突起的是大董、新荣记、梧桐、四叶……这些餐厅追求的是品质与食物审美。繁华落尽，人们不再愿意为铺张面子买单，而愿意为创意、审美、食材买单。这也促成了北京高端餐饮江湖的变迁。

以大董为例，2006年，大董南新仓店开业，这是他们第一家分店。十几年后的今天，大董已经在北京、上海、深圳、纽约布局，旗下拥有大董、小大董、大董鸭三个子品牌，十几家分店，成为年销售额近20亿的餐饮巨头。2017年，大董纽约店开业，也成为中国高端餐饮出海的重要里程碑。

而新荣记，在北京金融街洲际酒店地下一层开业的时候，北京许多食客甚至没有听说过台州这个城市。数年过后，这家发迹于浙江台州的品牌，在北京已经有不少门店，成为高端餐饮的首选之地。新荣记风格低调，注重食材与服务，把东海小海鲜做成招牌，而台州也几乎成为一个美食目的地城市。

早年的北京，西餐与日本料理乏善可陈，西餐中俄餐占据着很大比例，日料则以自助为主。而最近一些年，北京开始出现更有品质的日本料理、法餐、意大利餐，甚至北欧风格的西餐。西餐划分越来越细，即便是意大利餐也开始标榜那不勒斯风味、撒丁岛风味，或者西西里岛风味。在“黑珍珠餐厅指南”中，入选的日本料理餐厅包括然寿司、雪崴、宝屋，这些餐厅也在不同维度上展示着日餐的精细。

很难用一句话形容北京的味道，作为中国文化的中心，这座城市充满着创造力与可能性。北京的骨架中依然有老北京人的大方局气、讲究礼数，在血肉中也贯穿着新北京人的多元进取、开放包容。

大董（工体店）

创意菜

大董餐厅是中餐世界中的一块金牌，由创始人、烹饪大师董振祥先生以他名字命名的：“大董意境菜”开创了中餐艺术呈现的先河。大董餐厅以“文化、价值、时尚”为经营理念，以“健康、美味、个性”为出品理念，菜品保留了中国饮食的精髓，引入西式食材和分子料理的烹饪技法，创造性地诠释了中国美食的精义，形成独特个性风格的新流派，以菜品为媒介，运用中国绘画的写意技法和中国盆景的拼装技法，呈现出中国古典文学审美的趣味。大董每间门店的空间环境都以中国历史上的一个时代风格为主题，工体店定位于元代风格，以元代书画“富春山居图”为理念，空间设计延续了大董一贯的时尚隽雅与古典朴茂，户外拥有面积阔大的绿地，又融入了苏州园林的格局和审美。

推荐招牌菜

大董“酥不腻”小雏鸭
董式新麦烧海参
红花汁炖花胶
红花汁饭焗龙虾

010-65511806

北京市朝阳区工人体育场东路（体育场东门外北侧）

11:30—21:30

500 元 / 人

黑珍珠聚焦时刻

大董最先提出了低脂烤鸭的理念，大胆地对传统烤鸭进行了创新，以科学化的工艺流程，将烤鸭从“肥而不腻”向“酥而不腻”的方向定向做了升级，使鸭皮真正达到了入口即化，香味浓郁。一时间，酥不腻烤鸭和得自烹饪大师王义均先生亲传的葱烧海参，让大董在京城风头无二。大董以敏锐的触觉发扬中国美食文化传统的同时，又融入了自己的思考和尝试。诸如火燎鸭心，大董抛弃了传统的白酒入菜，而改用温和的朗姆酒，既没有掩盖食材的味道，又为鸭心增加了甜润、有层次的香味，让国内外的客人都易于接受。约十年前，第一套大董意境菜单的发布，着实震动了整个餐饮行业。无论从菜品创意还是呈现形式，都让人耳目一新，啧啧称奇。汲取西餐的摆盘方法，大董的菜品第一次让人觉得中餐可以如此高级优雅拥有仪式感，然而审美又是从中国传统文化中得来的，因此也迅速吸引了众多国外政要和名流客人。十多年来，大董始终保持着中餐先锋者和领军者的位置，与诸多国外名厨交流合作，在国际上也逐渐让中餐得到新的认识和评估。

Amico BJ

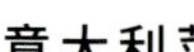

意大利菜

Amico BJ 是一家主理意日融合风格的高级西式餐厅，主厨郭强创办 Amico BJ 的初衷，是希望在这里将自己对于美食的理解和探索，与同样热爱、懂得美食的朋友一起分享交流。Amico 在意大利语中是“朋友”的意思，寓意着主厨希望能与来用餐的客人成为朋友，营造一种舒适轻松、如同在好友家中做客的感觉。餐厅拥有 36 个餐位，每天仅提供两个价位的套餐，且需要提前电话预订，以确保当天提供的食材状态最佳。郭强曾经从南到北走遍了整个意大利，对意大利的烹饪进行过全面的体验和学习。但他的菜品风格不拘泥于传统的条框，而是以日本和意大利元素的融合为主，所以在这里，你能见到诸如日式鲜鱼片和意式沙拉酱汁、日式甜虾和意式黑醋这样的有趣组合。

推荐招牌菜

牛油果小甜虾卷
北海道扇贝柱
意大利墨鱼汁意面
发酵熟成牛排
（如需以上菜品，请提前 2 天在电话预订时告知，2 位起订）

010-85306951/18513218832

北京市朝阳区神路街 39 号日坛上街 3 层 102-103

18:00—22:30（周一定休）

750 元 / 人

黑珍珠聚焦时刻

推开 Amico BJ 低调的大门，迎面是抽象的几何 logo 图案，左侧是仿日式庭院风格的布景，暗示着餐厅的意日融合理念。再往里走，会看到墙上排列整齐的 15 个木质小方格，每一格里面都是一种不同形状的意大利面，在灯光的衬托下，就连常见的食材都有了不一样的艺术气质。在大厅开放式的料理台前，你会看到整齐码放了几排五颜六色的瓶瓶罐罐，这些都是主厨多年来从世界各地收集而来的食盐收藏品。

包括主厨郭强在内的厨师团队目前共有七位厨师，因此，为了保证食客的用餐体验，很多时候餐厅反而会不顾经营之道，反其道而行之地控制用餐人数，以顾客为本。

也许每一位厨师在骨子都是艺术家，比起每时每刻考虑如何宣传推广、融资开店的经营者，郭强更热爱的是思考如何搭配食材、设计摆盘。在 Amico BJ 的菜品中，你可以体会到严谨扎实的意餐功底，同时也有着许多新的构想。比如用以色列番茄熬浓后提取透明的番茄汁这种需要耗时几天的工序；又比如在一盘看不到许多华丽海鲜烘托的朴素意面里，实际搭配的是用六七种海鲜制作的鲜美酱汁……当懂得品尝的客人每每露出对味道感到惊艳的表情时，大概就是主厨最为享受的时刻。

AZUR 聚餐厅

法国菜

北京香格里拉饭店 AZUR 聚餐厅，由名厨 Mauro Colagreco 主理，主打法国南部蔚蓝海岸的创意美馔，时令菜单及经典佳肴。AZUR 在法文中意为“蓝色”，如天空般的蓝色，令人平静平和；中文名为“聚”，则源于主厨 Mauro 的餐饮哲学，在他看来，“一顿饭就像一场聚会活动，我们在用餐时分享生活、分享欢乐、分享美食。”走进 AZUR 聚，视觉上的冲击首先是一片蓝色，挑高的楼顶垂下一片白色水晶，犹如银河。精致的餐具和恰到好处的服务则丰富了体验感。意大利裔的阿根廷籍大厨 Mauro 善于用创意的手法表达法国南部菜肴的色香味，他的美食总能呈现出一种返璞归真的自然清新，不管是海中生物，还是林中花草都可以在他手中变成美味菜肴，视觉上色彩缤纷且柔美，秀色可餐。

推荐招牌菜

来自森林的烩藜麦搭配蘑菇，马铃薯及法香泡沫
多宝鱼配清炒酸模叶及烟熏文蛤汁
烤羊排配羊汁、时蔬及海草
盐壳炬红菜头配鱼子酱汁

010-88826727/010-68412211 转 6727

北京市海淀区紫竹院路 29 号北京香格里拉饭店新阁 1 层

11:30—14:00，17:30—22:00

900 元 / 人

黑珍珠聚焦时刻

意大利裔的阿根廷籍大厨 Mauro Colagreco 成长于一个热爱美食的家庭。在游历四方，并与众多名厨共事之后，博采众长的他于 2006 年在南法芒通创办了自己的餐厅——Mirazur，一路走来获得了无数赞誉。大厨 Mauro 擅长以艺术创作般的手法来诠释法国南部蔚蓝海岸的创意美馔，呈现形式返璞归真，且不乏浪漫诗意。例如餐前面包名为“祖母面包”，配方来自大厨 Mauro 的老祖母，韧劲十足，麦香淳朴，搭配的黄油还加入了橙丝和香料，带来春季花园般的清新。而最让人津津乐道的是，在这道餐前面包旁，永远会配有一张雅致的半透明卡片，上面是大厨 Mauro 最喜欢的智利诗人聂鲁达的一首诗——《面包》。美食不仅是味觉的享受，它与人类的五感相连，在餐前读一首令你心生柔软的诗歌，是否也会牵动味蕾呢？大厨 Mauro 的另一道招牌菜“来自森林的烩藜麦搭配蘑菇，马铃薯及法香泡沫”，名字听起来就仿佛一句诗歌。菜如其名，宛如森林中寻得的一块原木上，如同花艺般呈现各种蘑菇、藜麦、土豆等食材，惟妙惟肖地描绘出漫步森林中可以见到的树木、苔藓和岩石，大自然的清新扑面而来。在这道菜品中，他还特别加入了北京元素：在闲逛北京的菜市场时找到的一种蘑菇。在他的烹饪哲学中，创作美食不应有任何桎梏。无论是海陆佳肴，还是鲜花香草，千滋百味，均可在他手中汇集成肴。

LES MORILLES 樂 • 墨瑞

法国菜

亮马河畔耸立的盛福大厦一层，一株高大的鱼尾木后面藏匿的 LES MORILLES 樂 • 墨瑞，已在此悄然开业一年有余。LES MORILLES 樂 • 墨瑞为自己定义为精致法式小酒馆，介于 Fine Dining（精致餐饮）与 Bistro（小酒馆）之间。餐厅由 80 后主厨蔡家豪先生和他多年的搭档主理人深一女士共同打造，空间不大，每晚仅接待 28 位食客用餐。根据东方节气而更新的餐单上，既可以找到那些堪称经典的法国名菜，如油封鸭腿、法式鹅肝，也可以寻味国人最喜欢的 M9 和牛、加拿大扇贝、以及来自法国布列塔尼的蓝龙虾。值得一提的是这里的餐后甜品，全部出自餐厅饼房的现制法式甜品，通常每一季度会推出五款，每一道都值得一试。简短而不简单的酒单中，除了几款相当“boutique”（精品）的小众选择值得尝新外，更有佐餐至甜品的各类贵腐、波特可供选择。

推荐招牌菜

澳洲 M9 和牛西冷、焦糖洋葱、黑松露红酒汁羊肚菌、新鲜绿芦笋、新西兰甜豆泥、香草面包粒

焦糖鹅肝慕斯卷、新鲜树莓酱、液氮冻干草莓碎、意大利陈年黑醋

“太开心”西西里开心果树莓挞、自制开心果冰激凌

010-65063110/18710201088

北京市朝阳区麦子店西街 37 号盛福大厦 180C

11:30—22:00

489 元 / 人

黑珍珠聚焦时刻

居住在瑞士、法国两地，并先后在两间世界顶尖烹饪学校学习的年轻厨师蔡家豪，2017 年回到北京 LES MORILLES 樂 • 墨瑞餐厅，开始用自己的技艺演绎东方对话西方的精创传统法餐。相比于京城的其他法餐厅，墨瑞的出品在传统法餐料理的基础上融入了可人、讨喜的东方元素，不断革新，层次丰厚。主厨每个季度都会根据节气食材与流行趋势创作菜单，如春天的白绿芦笋；夏季的莳萝花、水蜜桃；秋季的江浙大闸蟹、海胆；冬季的燕京板栗……或是自己拆蟹制成的秃黄油、秘制葱油藏红花炖饭；在传统油封鸭中添加八角、茴香、花椒……蔡家豪说："一间受人喜爱的法餐厅，必须以最扎实的技法，来承载所谓的创新与融合。如果我的客人说没吃饱，或者吃着没有幸福感，那不管我做的是哪国菜，都是有问题的。"法餐的创新绝不仅仅在食材和形式上，要改变人们对法国料理的认知和往昔遗留的失真印象，乃至以平等、最自然的状态体验法国滋味与文化，才是 LES MORILLES 樂 • 墨瑞于此，一路精进之方丈。蔡家豪的多年搭档，主理人深一女士则带来了目前西方最先进的配餐理念，用来自中国的传统工夫茶搭配法国盘式甜品，让武夷岩茶的气韵、凤凰单枞的清冽平衡东方人对甜品糖度的低接受度，令一整晚多维感官雅馔完美收官。

Opera BOMBANA

意大利菜

2013 年，明星厨师 Umberto Bombana 将 Opera BOMBANA 带到北京，这是继在香港、澳门和上海创办 8½ Otto e Mezzo BOMBANA 之后，其在中国内地开启的第二家餐厅。香港 8½ Otto e Mezzo BOMBANA 自开业伊始就连续获得一众餐厅荣誉，因此在北京的餐厅甫一开幕即一座难求。Opera BOMBANA 将名厨 Bombana 的经典菜品通过在地优质食材重新诠释。Opera BOMBANA 还打造了一个开放式新鲜面包房，在意大利面包大师 Giuliano Pediconi 的专业指导下，面包师使用最好的意大利面粉和自然酵母烘焙面包，用餐之后带一个回家作为第二天的早餐，是非常完美的选择。

推荐招牌菜

Opera 传统蛋糕配咖啡冰淇淋
炖澳洲 David Blackmore 农场牛小排及烤牛里脊，配时令蔬菜、红酒李子酱及土豆泥
新西兰鳌虾薄片配 Beluga 鱼子酱和柑橘汁
黄金意面配诺曼底蓝龙虾、干鱼子、芝麻菜及樱桃番茄

010-56907177
北京市朝阳区东大桥路 9 号侨福芳草地地下二层 21 号单元
12:00—14:30，18:00—22:30
1100 元 / 人

黑珍珠聚焦时刻

Umberto Bombana 是当之无愧的明星主厨，出生于意大利北部伦巴第大区的贝加莫（Bergamo），自小就展现出意大利人对美食的热情。他 15 岁时进入厨艺学校学习烹饪，17 岁就加入知名餐厅 Antica Osteria del Ponte 跟着名厨 Ezio Santin 做学徒。跟随 Ezio Santin 学习的五年里，Bombana 学会尊重并小心照顾食材。“只有好的食材为基础，才能烹饪出美味的食物。否则，无论用多花哨先进的烹饪技巧或设备都没用。好的食材是一切的基础。” 对他来说，自然的东西是最美的。当香港第一间丽思卡尔顿酒店开张时，他应邀担任酒店 Toscana 意大利餐厅的行政总厨，并从那时开始主持国际阿尔巴松露拍卖会的晚宴。亚洲区域竞拍成功的得主将个头硕大、价比黄金的白松露交给他，为当晚宴请的宾客烹制精美大餐。2002 年，意大利外国人烹饪学院授予他“亚洲最佳意大利厨师”称誉，2006 年，意大利 Piedmontese Regional Enoteca Cavour 委任他为“国际白松露大使”。2010 年，Bombana 在香港开创了 8½ Otto e Mezzo BOMBANA，自开业始就连续获得多项专业餐厅奖项。Bombana 的出品经典而又现代，他始终坚持意大利的传统滋味，同时也广泛尝试现代食材，他说，“食材就是上帝，我所做的，不过是要找到它最好的味道并表达出来。”

然寿司（钱粮胡同店）

日本料理

2011 年，然寿司在钱粮胡同开业，那时候京城的日料领域还少有寿司专门店。店名“然”来自创始人兼主厨鄂然的名字。吃过没吃过的人，似乎都知道这家寿司店。体量极小，只有吧台的 八个位置，只接受预订；只做晚餐，必须按照规定的时间到店用餐（18:00—20:00；20:15—22:30）；只有一个价位的套餐，不可单点，全凭主厨根据当天的食材来安排菜单；价格令人咂舌，八 年来，套餐价格从 198 元、298 元、498 元一路涨至现在的 1500 元每位，论起北京最贵的日料店，然寿司总是要占据前几位的。八年前的价格，放在当时也不算便宜。但是在这里你可以吃到北京供货渠道里最新鲜、最优质的食材，有些成本超乎想象的昂贵，这也的确成为然寿司的核心竞争力，让它稳居京城最高级日料店的榜单前排。

推荐招牌菜

春子鲷寿司
海胆
虾蛄寿司
焦糖玉子烧
（以上菜品仅供参考，主厨会根据季节食材安排菜单）

010-64037680

北京市东城区钱粮胡同东口内 50 米路南 16-2 号

18:00—22:30（周一定休）

1500 元 / 人

黑珍珠聚焦时刻

“然寿司”这个名字来自创始人兼主厨鄂然自己的名字。鄂然 17 岁被分配到酒店日餐厅工作，此前他在学校里只学过中餐，一切都从厨房重新开始。2002 年，他决定去日本读书，后考入东京最有名的调理师学校，学习调理技术经营学科。除了学校安排的实习，鄂然也一直在寿司店打工，来补贴超过一般大学 2 ～ 3 倍的学费。除了烹饪，他对许多领域也保持着强烈的好奇心，时尚、艺术、玩具等，他各处去看，去体验，去感受。毕业回国时，他没攒下什么钱带回家，只带了一箱厨刀，还有一箱书籍。多年后，他认为这些兴趣塑造了他的生活方式，也塑造了他的料理。从日本的审美趣味中受到启发，鄂然逐渐明确将主要的成本和功夫都放在食材和器具上，这才是一间餐厅应该提供客人最基本，也是最本质的内容。在然寿司，你可以尝到北京供货渠道里的顶尖“尖货”，即使成本高出 10 倍，鄂然也敢入手。在烹饪上，鄂然的标准也近乎严苛，为了保证客人吃到寿司时米的温度恰到好处，晚餐 6 点开始营业，厨师们从中午 12 点就要开始处理晚餐的寿司米。客人使用的餐具，全部是日本艺术家作品，摆在你面前盛放酒肴的那只小碗，可能价值人民币 3000 元，每当干活的时候看到它，鄂然就会感觉“让我自己心情很好。”就跟坐在店里的客人吃下一枚寿司时心情一样。

新荣记（金融大街店） 

江浙菜

位于金融街洲际酒店 B1 的新荣记，是金融街区域密集的银行、基金公司等客人最爱的餐厅之一。发源于浙江台州临海的高端餐饮品牌，京城最有口碑的江浙菜系，在食客心目中是毋庸置疑的“东海海鲜专家”。在食材挑选方面，新荣记的食材选料从来一丝不苟，极为重视食材的产地和新鲜程度，坚持每天将海鲜新鲜运送至北京，绝不速冻；那些看起来家常的食材，也非最佳产地不选，芋头需要用广西的，莲藕则是杭州的好，即使一块豆腐，也是在临海白水洋镇用当地的黄豆和山泉水制作。烹调也讲究，坚持浙东家常烹调方式，毫不花哨炫技，充分发挥食材优点。凭借“食必求真，然后至美”的理念，被网友称为中餐厅里的爱马仕。即使人均价格不菲，仍然人气高涨。

推荐招牌菜

家烧野生黄鱼
椒盐富贵虾
蜜汁红薯
沙蒜烧豆面

010-66180567

北京市西城区金融街 11 号洲际酒店 B1 层

11:00—14:00，17:30—21:30

1000 元 / 人

黑珍珠聚焦时刻

台州菜对于北方餐饮市场，甚至对于江浙餐饮市场来说，都实在不算大众。这和台州的地理位置十分相关，位于东海边上的台州，北临宁波绍兴，南临温州，西边挨着金华和丽水，环山面海的地形令它与外界少有交流。而依山傍海的地理环境，也令台州的物产十分丰富，既有新鲜的海产渔获，也有山地的风味食材，在此基础上形成的台州菜别具风味，上有稀罕昂贵的高级海货，下有市井烟火的街边小吃，内涵十分丰富。

新荣记的创始人张勇先生就是浙江台州临海人，自小熟悉东海小海鲜，1995 年，他开了一家名为"新荣记食府"的小排档，店堂以鱼池展示鲜活水产供客人挑选，这在普遍使用冰冻海鲜的当时，是十分吸睛的创举。随后，新荣记的庞大版图徐徐展开。以东海海鲜、台州特色家常菜如此小众的出品，辅以粤菜点心，新荣记迅速跻身高级中餐行列。出品没有所谓现代的摆盘，也不炫耀复杂的技术，创始人张勇的理念就是"一定要好吃，食材不惜成本，也要好吃"。新荣记将一个小切入口做到了极致。在台州本地建立农场种植蔬菜，豆腐也坚持在本地制作，不惜成本寻找最好的东海海鲜和浙东食材，不远万里运到北京。这样的坚持积累下来，逐渐就显出难能可贵和独特的魅力来。

Mio

意大利菜

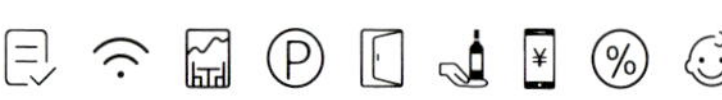

位于北京四季酒店三层的Mio，以当代创意意大利美食而闻名。Mio在意大利语中的意思是“我”的意思，换句话说，这里就是我的意大利餐厅。华丽闪烁的水晶灯，颇具异域风情的雕银屏风，浓郁勃艮第色调的氛围令Mio散发出典雅的气质，却不会令人拘谨，因为服务和呈现的美食温暖而亲切。Mio主打优质上乘的地中海菜肴，还专门设计了一个传统烤炉，在开放式厨房中烘烤比萨，制作薄饼的面粉也特地由“比萨诞生地”意大利那不勒斯进口。主厨Aniello Turco是土生土长的那不勒斯人，13岁时就开始在父母的餐厅中学习和实践，工作足迹遍布丹麦哥本哈根、英国伦敦、意大利等世界著名餐厅。Turco坚信“基于食物自然发酵的原生态美食，将在都会时尚餐饮界独领风骚”，并把这份理念贯彻在Mio的出品之中。

推荐招牌菜

加纳迈尼露红虾
轻烤蓝鳍金枪鱼刺身
糖心塔
鳕鱼意面

010-56958522

北京市朝阳区亮马桥路48号北京四季酒店3层

11:30—14:00，17:30—22:00

600元/人

家全七福酒家

粤菜

2013 年在香港创立的高端粤菜馆家全七福，由老牌富豪餐厅福临门第二代七哥徐维均掌舵，餐厅不论从食材、烹饪、服务与选址，都延续了福临门的传家本领，堪称顶级粤菜中的佼佼者。六年间家全七福开遍北京、上海、深圳，深受城中传统粤菜食客的追捧。北京国贸店拥有同香港店无二的上等干货，日本野生干鲍、鳘肚公花胶、金山勾翅，火候足、上汤醇，鲜味凛冽。店内传统老粤菜鸡子戈渣、炒乌鱼球、酿蟹盖与虾子柚皮，在市面上几乎绝迹。寻常菜色也出彩，荷叶饭选用泰国五羊米，蟹肉、瑶柱等料足饭香；家常蒸牛肉饼，肉馅儿细嫩陈皮香。逢节庆喜宴，七福的招牌烤乳猪是必点彩头，皮脆肉嫩调味得当。即便日常光顾点些小菜也镬气十足，炒牛河、菜心这类“基本款”，统统足见深厚功力。

推荐招牌菜

大红乳猪全体
酿焗鲜蟹盖
上汤焗龙虾
椰盅炖官燕

010-85716888

北京市朝阳区建国门外大街 1 号国贸大酒店 4 层

11:30—14:00，17:30—21:45

900 元 / 人

1949 全鸭季（金宝街店）

粤菜

开创现代北京烤鸭新食之先河的大馆。餐厅地处四九城心，紧邻紫禁城，在金融街独占一处幽静方的正四合院，进门随处可见中式建筑元素与现代艺术品，落地大窗外是闹中取静的庭院，气氛上佳，适合各类商务宴客。招牌烤鸭选材工艺传统，制胚、烤制与片皮过程中还做了涂抹麦芽糖、高温少油、剔脂祛腻的改良手法；烤鸭面酱尤其独到，在甜面酱中加入海鲜酱与秘制配料，食客还能根据喜好添加花生酱、芝麻酱和蒜蓉；搭配的空心烧饼与鸭饼每日自制，传统又创新的烤鸭入口，酥松脆嫩均衡，调味和谐，无过多滞腻感，开业数年出品稳定，一直保持着优秀口碑。除去烤鸭和系列鸭菜，店里时令新菜和川粤功夫菜，选材做工精细，亦可满足不同喜好。

推荐招牌菜

北京传统烤鸭
黑椒双葱爆雪龙牛肉粒
红烧牛肋骨
鸭肝酱

010-65212221

北京市东城区金宝街 98 号 1949 会所

11:00—14:30，17:00—22:30

500 元 / 人

Agua 西班牙餐厅

西班牙菜

Agua 在那里花园驻足已十年，俨然是京城中“最西班牙”的存在。依照摩尔人的传统风格设计的门窗充满异域情调，玻璃门外还有一个视野绝佳的露台，可以俯瞰整个那里花园的景致。Agua 专注于地中海特色的现代西班牙菜，推崇优质食材的自然本味，呈现出原汁原味的西班牙美食的精髓。菜单上有丰富的 Tapas（小吃）——这是西班牙美食文化的经典代表，非正餐时间里闲坐佐酒，也是极为惬意的选择。烤乳猪、海鲜饭等招牌菜品经久不衰，尤其整只的烤乳猪以木盘从厨房端到桌边的操作，极有感染力。龙虾汤饭也独具特色，不同于大部分西班牙餐厅，这里的龙虾饭汤汁较多，米饭吃起来尤其鲜香美味。如果在夏日傍晚的露台小坐，不要忘记点一杯西班牙著名的卡瓦气泡酒，清爽的口感最能开胃。

推荐招牌菜

多汁龙虾饭
西班牙传统脆皮烤乳猪
凉拌蟹肉沙拉配牛油果和青苹果
羊奶酪冰激凌配香草番茄和黑橄榄布朗尼

010-52086188

北京市朝阳区三里屯北街 81 号那里花园 4 层

12:00—14:30，18:00—22:30

400 元 / 人

莫尔顿牛排坊

扒房

位于丽晶酒店二楼的莫尔顿牛排坊是北京湿式熟成牛排的代表餐厅，也是出品最为稳定放心的餐厅。即使在全世界范围内，无论你去哪一间莫尔顿牛排坊，品尝到的牛排都能保证口味一致。北京莫尔顿牛排坊于 2012 年开业，许多老客人自开业伊始追随至今，也是莫尔顿品质的一个佐证。莫尔顿现在全球 83 个城市设有分店，全部使用美国 Prime 级别的牛排，因国内牛排进口原因，北京莫尔顿一直使用澳洲进口湿式熟成牛排，密封在真空包装的大块牛肉在 0°C左右的恒温冷藏室熟成 4～6 周，牛肉变得柔软细嫩，湿式熟成不会损失过多水分，因此吃起来更觉肉汁充盈。好消息是随着进口政策的发展，现在北京莫尔顿也能吃到多款美国牛肉（详情咨询店里）。

推荐招牌菜

纽约西冷牛排
热巧克力熔岩蛋糕搭配哈根达斯冰激凌球
上等 T 骨
珍宝蟹饼

010-65237777

北京市东城区金宝街 99 号丽晶酒店 2 层

周一至周六 17:30—22:30
周日 11:30—15:00，17:30—22:00

800 元 / 人

黑珍珠聚焦时刻

第一间莫尔顿牛排坊于 1978 年 12 月 21 日在芝加哥开业，而故事的起源，是一个“百万美元汉堡”！莫尔顿的两位创始人 Arnie 和 Klaus 曾在蒙特利尔花花公子俱乐部共事，正赶上俱乐部要更新菜单，Arnie 尝到了一个 Klaus 制作的汉堡后，激动地冲到后厨大声询问，“这个汉堡是谁做的！” 此后，Arnie 始终称赞那是他尝过的“最好吃的汉堡”，后来两人共同创办了莫尔顿牛排坊，在随后的四十年间，分店遍布全世界。取得这样的成功并非靠幸运，莫尔顿牛排坊坚持严格的全球统一标准，不会为适应不同地方的口味而调整产品，造就了极为稳定可靠的出品品质，湿式熟成的牛排在特制烤炉 Broiler 上烹制，这种烤箱顶部的火焰温度可以高达 800 华氏度，瞬间锁住肉汁，吃起来外焦里嫩。450g 的肉眼有着曼妙的雪花纹理，650g 带骨肉眼则在前者的基础上多了骨边肉的鲜香，令人忍不住大快朵颐。除此以外，莫尔顿的海鲜也是品质极佳，十分适合佐酒，如果懒得拆蟹肉，不如直接点一道诚意满满的珍宝蟹饼。莫尔顿的葡萄酒单同样也是一大亮点，这里汇集了从闻名世界的纳帕谷到美国黑皮诺胜地奥塔哥的众多美国葡萄酒，同样值得尝试，并连续四年获得 Wine Spectator 颁发的“最佳酒单”奖。

Tavola Italian Dining

意大利菜

TAVOLA 的意大利文意为“桌子、餐桌”，颇能体现出餐厅质朴且亲切的美食哲学。位于外交公寓的位置独有优势，周边环境十分安静，创始人曾在欧洲工作生活超过二十年，就想把意大利温暖轻松的美食带回国内，与京城热爱美食的人们相聚、分享，因此特别在餐厅内设计了一张超长餐桌。自 2008 年开业以来，TAVOLA 始终坚持出品传统且纯正的意大利料理，精选意大利本地食材及调料，坚持传统烹饪手法。现任主厨 Massimo Turano 曾在世界知名餐厅工作，从布拉格、阿斯塔纳、圣彼得堡，到米兰、伦敦、巴黎，他对美食的追寻和学习的足迹遍布欧洲诸多城市，不断汲取欧洲及亚洲各地的饮食文化与技艺。手工现烤比萨一直是 TAVOLA 的招牌美味，任何一种口味都不会出错。

推荐招牌菜

T 骨牛排：扒澳洲侧翼牛排配芝麻菜、帕玛森芝士及托斯卡纳初榨橄榄油

海鲜汤：意式阿玛斐风格海鲜浓汤配蒜香面包

黑松露比萨：水牛芝士、牛肝菌蘑菇、黑松露、帕尔玛火腿及蜂蜜

美味鹅肝三重奏

010-85325068

北京市朝阳区东方东路 19 号亮马桥外交公寓 B 区会所 2 层

11:30—14:30，17:30—22:00

550 元 / 人

宝屋日本料理

日本料理

由老牌日料店主厨张宝挑梁创立的宝屋日料，开业以来，已凭借优质食材与精湛料理挤进京城一线日料店行列，拥有众多识厨知味的熟客。餐厅开在三里屯新晋商圈内，提供预订制日式会席，菜单根据当日食材以及食客喜好订制，事前不预告内容。入席后二十余道料理顺次上桌，手势出品与盛器皆精致。前味常见脆皮鳗鱼、松叶蟹与蚝，调味勾起食欲后，紧接着是各类时令鱼生与寿司，应季渔获空运自顶级产地，落座吧台的客人还可欣赏到精彩厨艺秀，现磨山葵、喜马拉雅山盐以及一夜渍，都是店家常用调料与手法，即制即食间，厨师还会做相应释义。之后的寿司、炸物与汤等，除传统招式，还融入现代手法，搭配数量不多但品质精选的酒单，一餐食罢，既尽兴又舒服。

推荐招牌菜

脆鳞法国银鳕鱼
脆皮烧鳗鱼和有马山椒煮
烤和牛配自制酱
松叶蟹腿三分熟生吃

010-59724070
北京市朝阳区三里屯南路通盈中心 3 层
周二至周日 18:00—22:30
预约时间每日 13:30（周一休息）
798 元 / 人

北京厨房

粤菜

由香港名厨古志辉创立的粤菜餐厅“北京厨房”，登陆北京 SKP 商场已两年，餐厅内方桌圆桌兼备，软椅宽大舒适，一侧全明后厨内，厨师们有条不紊的工作成为最佳佐餐背景，整个空间既有传统粤菜馆的沉稳气质，亦包含现代精致元素，气氛轻松。餐单上百余道菜色，近一半为当季时令新味，品尝招牌乳鸽、煲汤、蒸鱼、热炒的同时，还有一众平价点心待选，丰俭由人。古师傅每日坐镇店内，严控出品，例汤上桌第一口必是足够热烫、风味盎然，每碟蒸鱼都做到鱼肉晶润、微微离骨，火候老道；简单一只蛋挞，不输澳门专门店，酥烫嫩醇，城中喜好粤菜的食客，不分阶层，都能齐聚在这间小小餐厅内。遇熟客古师傅会亲自来桌边寒暄，烟火人情也令这里的味道拥有不同寻常的温度。

推荐招牌菜

花雕蒸深海阿拉斯加蟹
鲜蟹肉干煎海虎翅
鲜蟹肉龙虾汤包
杨枝甘露

010-65307905/010-65307995

北京市朝阳区建国路 87 号北京 SKP 6 层 D6007

11:00—14:30，17:00—21:30

336 元 / 人

黑珍珠聚焦时刻

从厨四十年，北京厨房是古志辉人生中第一间真正属于自己的创业餐厅。这位在香港利苑最巅峰时代做足十四年，又花费七年时间将北京“玉餐厅”从璞玉雕琢成器的粤菜名厨，不论行内行外都拥有极高声誉，一路走来，捧人捧菜又捧场子的食客几乎占据了京城各个上层权力圈。在股东心中，古志辉代表生意稳定；在食客心中，他代表出品稳定；在家人心中，他代表生活稳定。

古志辉生活极度自律，每天早十时至晚九时，会一直穿白色厨衣坐镇餐厅，三十几年身量从未改变，腰背挺直，笑容职业，眼神亲切，事事以和为贵。菜如其人，北京厨房撑店菜品多是烧腊、煲仔与捞饭一类传统粤菜，后厨人手较寻常餐厅多出一成，寻常食材、手法精准、出品老道，传承着带有香港风格的扎实粤菜风味。

而时代更替，古师傅手下时令新菜也融合了各家之长，得到年轻食客认可。吸取淮扬手法，将豉汁更换为陈年花雕的蒸鱼，既有江浙醇香，又有粤式细腻；酸菜鱼人气最旺，以粤式浓鸡汤打底，新鲜白胡椒祛腥提香，喝下一碗暖身且味道鲜美；即便是曾经备受客人认可的三杯汁烧鳕鱼，古师傅也愿意听取厨房后辈的建议，调淡口感。恪守诚信，肯下人工，以烹饪健康为先，以客为本，不断调整菜品，使得这间粤菜馆的生意日日长青。

禾家中餐厅

粤菜

诺金酒店是国内奢华酒店的模范之作，以明代文人文化贯穿酒店设计，兼具人文及艺术内蕴。中餐厅名为禾家，意寓农作物之家，餐厅空间的设计灵感来自明代著名画家、书法家和美食家徐渭，当代艺术家汤柏华汲取徐渭大写意和泼墨的画风进行创作，并在画作中添加许多食材元素，不仅暗合餐厅功能，也体现出审美上的趣味。包间十分宽敞，最大的包间还附带一个一个隐秘的露天花园。禾家主打精致粤菜，搭配时令淮扬美味，各款老火例汤十分见功夫，粤式点心和小吃也一丝不苟，拥有超过二十年厨房经验的主厨何孝源先生来自香港，粤菜功底扎实，尤其擅长烹制海鲜及汤品。尤其值得称道的是，诺金酒店拥有自己的绿色生态农场，酒店餐厅的部分食材即来自自家农场，得以确保食材的品质和新鲜程度，也确保了餐厅出品令人印象深刻的稳定性。

推荐招牌菜

玻璃虾球
龙虾汤过桥象拔蚌
浓汤菜胆浸花胶
烧汁干煸牛肋骨

010-59268281

北京市朝阳区将台路甲 2 号北京诺金酒店 1 层

周一至周五 11:30—14:00，17:30—22:00
周末及节假日 11:00—14:30，17:30—22:00

450 元 / 人

采逸轩

粤菜

北京四季酒店采逸轩在继承发扬传统粤式料理的基础上，别出心裁地将鲍鱼、海参、活鱼、乳猪、烧鹅、时令食蔬以及广式煲汤发挥上升到了现代演绎的新高度。与大部分五星酒店中餐厅不同的是，采逸轩除了擅长经典粤菜之外，还提供地道的江浙菜和京鲁菜。客人既能在菜单上找到味型标准的黑松露鲍鱼红烧肉，也能点到门丁肉饼和老北京奶酪这样熨帖的四九城味道。主厨李强师从香港名厨谭金强先生，深入学习粤菜十余年，出品既继承传统，又富于创新，恪守“尊重食材”的理念，用料精选讲究，装盘简约时尚，味道突出食物本身的精髓与原汁原味，让人静下心来感受用餐的美妙。在他看来，“创新是有根基的进步，永远不要丢掉传统的立足点。”

推荐招牌菜

陈年花雕醉鹅肝
富贵虾（白酒红胡椒汁）
化皮乳猪件
原只鲍鱼鸡粒酥

010-56958520

北京市朝阳区亮马桥路 48 号北京四季酒店 2 层

11:30—14:00，17:30—22:00

600 元 / 人

福楼法餐

法国菜

十九年前，福楼在亚洲的第一间餐厅落地北京，带来最早的法兰西风情，许多客人的法餐启蒙大约都是从福楼开始。同时，福楼也带来了优雅的法兰西生活方式：时髦的葡萄酒会，法国文化之夜，浪漫的半圆形露台上也曾举办过环球小姐中国赛区晚宴，美艳不可方物。迁至新址的福楼，餐厅内部的设计延续了21世纪30年代在巴黎北站开设的特米斯诺的风格，新艺术与装饰艺术完美交融，黄铜灯具和水晶吊灯相得益彰，彩绘玻璃和巴黎老火车站壁画遥相呼应，置身其中，很容易就跌入老时光。十九年来，福楼始终保持着高水准的食材和出品，经典的法式焗蜗牛几乎是桌桌必点，吃葡萄叶长大的勃艮第蜗牛淋上罗勒酱，还未到餐桌香味就先飘到鼻尖。丰腴醇厚的鹅肝系列也是福楼的代表作品，风味极富包容性的鹅肝几乎可以和任何一种食材搭配，甚至融入甜品都毫无压力，每一道都让人难以取舍。

推荐招牌菜

和牛挞挞
兰姆巴巴
香煎“露杰”鹅肝
香焗挪威鳕鱼

010-65955135
北京市朝阳区霄云路18号
11:00—22:30
700元/人

官也街澳门火锅（国贸商城店）

火锅

官也街澳门火锅位于重装一新的国贸商城内，落地大窗正对央视大楼以及长安街沿线，视野一流。室内空间开阔，原木及原石元素应和火锅煮食主旨，食味之本。餐桌上食具精致，景德镇特别定制的金色瓷碗，视觉矜贵手感温润。官也街进驻京城已超十年，是以食材新鲜上乘、汤底醇厚著称的特色澳门火锅餐厅。店家汤底采用新鲜猪骨长时间熬制，呈牛乳色，外加鸡脚、猪软骨、萝卜、栗子等主料，滋味浓郁且不腻喉。打边炉食材琳琅满目，镇店海鲜池如小型水族馆，加拿大 A 级象拔蚌、阿拉斯加帝王蟹、澳洲龙虾、法国生蚝、大只花虾、东星斑，生猛鲜活；进口 A5 级雪花牛肉，切粒、厚片、薄片，形式各异，呈现不同口感；另有时令菌菇时蔬以及手打丸搭配。官也街营业时间及至凌晨，是京城难得的宵夜好选择。

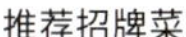

推荐招牌菜

5A 牛肉
澳门鸡脚猪骨煲
波士顿龙虾汤锅
牛肉拼盘

010-85950538

北京市朝阳区建国门外大街 1 号国贸商城北区 7 层 NL7001 号

11:00—02:00

500 元 / 人

和木 The Home• 私厨（北土城店）

创意菜

和木私厨坐落在元大都公园旁的一方四合院，院内白沙铺地，绿萌如盖，厢房被改造为十间大小不一的包间，还有一座小小的凉亭，用餐前小坐纳凉，春有花香夏听蝉鸣，才是老北京的惬意时光。和木私厨的创始人及主厨杨占胜出身厨师世家，曾任五星级酒店厨师长，对于中餐的探索有着独特的看法，他以西式分餐制的方式为客人定制菜单，每一套菜单都以冷菜、汤、主菜、主食、甜品的顺序依次呈现，颇有仪式感，却有着熟悉的味觉记忆；比如看起来像日料刺身的扇贝鳌虾，其实别有心思的低温慢煮过，入口十分惊喜。遵循四季时令食材设计的菜单，大约 2～3 个月就会更替一次。如果有熟悉的客人频繁造访，主厨也会根据客人的口味提前沟通，特别设计新菜品。

推荐招牌菜

法国吉拉朵生蚝
红烧鲍鱼
舌尖诱惑
招牌龙虾饭

010-62377681/13701143834

北京市海淀区北土城西路瑞洁加油站西侧（牡丹园东里对面）

11:30—14:00，14:30—17:00，17:30—21:30

1160 元 / 人

淮扬府 

淮扬菜

创立于 2005 年的淮扬府，可谓京城高端淮扬菜的典范之一。面积超过 2000 平方米的空间，宛若从江南老镇搬来了整栋庭院和老宅，步行其中，宛如走在苏州园林的走廊上，漏窗中似乎可见亭台楼榭，绿竹葱郁，藤萝蔓挂。移步易景，间或配以古筝、琵琶、竹笛等江南丝竹现场演绎，仿佛置身于江南，二层的包间就均以苏州园林的名称命名，十分适合家庭聚会或宴请。主厨王昌荣是国内少见的同时精通淮扬菜和鲁菜的烹饪大师，在他的带领下，淮扬府的出品将鲁菜的技法巧妙地融入淮扬菜的烹制中，“让南方人吃着不奇怪，可以接受；让北方人更快地接受淮扬菜这一外来菜系”，自成一派融传统淮扬菜的雅韵与江南官府菜之高贵于一体的淮扬官府菜。如当家菜品国宴清炖狮子头，以肥六瘦四的黑猪肉制馅，配以太湖野生虾子和马蹄碎，慢火熬炖，出品极为柔软细嫩，瞬间融化在口中。

推荐招牌菜

陈年花雕醉熟蟹
鸡汤大煮干丝
千岛湖鱼头佛跳墙
响油鳝糊

010-64265858/010-64265959
北京市东城区安定门外大街 198 号（地坛西门北侧）
11:00—21:00
200 元 / 人

利苑酒家（北京世贸店）

粤菜

无论是周末想慢慢吃个舒心的早茶，还是重要的商务宴请，利苑永远都是最安全最靠谱的选择。北京门店的后厨团队超过大半来自香港、广东，创始人陈树杰先生亦不时前来检视、培训后厨团队。位于中环世贸二层的利苑十分低调，作为写字楼里的餐厅，拥有近 200 个餐位不能算小，但若不提前预订，即使午餐也不确保必有空位。为了一份皮薄味鲜的招牌点心蟹肉龙虾汤包；或者是一道手法老道鲜嫩的粤式蒸东星斑，许多客人会为此特意赶来。服务上也是十分传统的方式，店长和服务员会记住每一位老客人的喜好，你刚才落座，就会问是否还是先沏一壶乌龙或普洱，宛若熟悉多年的邻居或老友，亲切又贴心。

推荐招牌菜

冰烧五花肉
美极煎大虾
燕窝寿桃
油盐珊瑚蟹

010- 85670138

北京市朝阳区建国门外大街甲 6 号中环世贸中心 C 座 C2-C3

11:30—15:00，17:30—22:30

400 元 / 人

黑珍珠聚焦时刻

由两广总督陈济堂将军的幼子陈树杰先生创办的利苑，成立于 1973 年，现在已是亚洲著名的粤菜品牌，25 间门店横跨新加坡、澳门、香港、上海、北京等，许多老客人跟随超过十年是很常见的事儿。无论在哪一间利苑，你都能吃到品质如一的脆皮乳鸽、同样鲜嫩的盐焗鸡……许多优秀的粤菜大厨也是在利苑学习并成长独立，业内赞誉为“饮食界少林寺”和“名人饭堂”。在四十多年的营运中，始终保持以最新鲜的食材、严格的利苑标准烹饪健康美味的菜品，可以说重新定义了现代粤菜。现在司空见惯的 XO 酱、杨枝甘露等都是由利苑研发，随后在中餐届广泛流行，经久不衰。四十余年来，利苑称得上是“最受欢迎的高级粤菜餐厅”，出品几乎零失误，这要得益于陈树杰先生相当“严格”的标准。后厨的食材每天备货，以保证新鲜生猛，在烹饪上，无论用油还是用火，都有超过一般的严格要求，哪怕只是炒一道青菜，不同品种的用油量也不同，且需一次下够，不能在翻炒中添油。直至今天，80 多岁高龄的陈树杰先生仍然保持着几十年来的工作流程，定期轮流检视各地分店，与后厨团队一同试菜，甚至亲自示范，业界敬称他为“陈校长”。

晟永興烤鸭店（三里屯店）

京鲁菜

从五道口走到三里屯，晟永兴用了十余年时间。由创始人王河带领的团队为极重视传承的北京城注入了全新的国际化元素，低盐少油、勤力革新、自成风格，两年时间赢得众食客青睐。餐厅不大，既分不到太古里汹涌人流，离使馆区也有距离，但二层建筑内从上至下每个细节都绽放着时代意味，既有老派京城印记，也兼容各方风格。果木烤炉与酒窖、传菜生与侍酒师、灰砖枣木与现代艺术摆件之间，日日有四方食客涌来打卡。而这里也绝非 fusion（融合）实验场，例如后厨充分尊重传统烤鸭技艺，繁复预制工序一道不缺，仅入炉烤制时大火逼出多余油分。留住精髓，加入现代审美，融合餐酒搭配与知轻重的桌边服务，是一间真正有新意的烤鸭店。

推荐招牌菜

黑松露煲吉品鲍鱼
黑松露翡翠大虾球
金甲黄鱼
鱼子酱烤鸭

010-64640968

北京市朝阳区新东路甲 5-3 号（北京银行旁）

11:00—21:30

460 元 / 人

黑珍珠聚焦时刻

这间从空间到服务都拥有明显优势的烤鸭店，是京城近两年最值得拜访的新餐厅之一。进门左手为一字吧台，右手为酒窖入口，新老世界葡萄酒品由享誉京城的侍酒师李美玉根据菜品订制，不同年份价格任选，让食客得以在此间餐厅一览中餐配酒的标准和边界。

拾阶上二层，天顶有自然光射下，灰砖墙面带有市井元素；二层入口即见烤鸭炉膛，枣木香萦绕黄金鸭胚，师傅立于一侧。二层空间不大，分为四种不同氛围就餐区，半封闭包厢、中式圆桌，挑高自然光区域，以及方桌二人卡座，兼有狭长露台一览街景。整个空间出自知名设计师之手，灯光与自然光交错，背景音、中西陈设，品相极佳。

按不同需求落座，即有侍者上前，侍酒布菜，节奏自如。尤其配酒服务大大超前于寻常中餐厅，自前菜开始，一路至主菜、甜品，搭配和谐，服务得当。镇店烤鸭每只预制时间超过半月，品质上乘，兼有新鲜鸭肝等鸭菜供客；招牌金甲大黄鱼、葱烧海参、脆皮大明虾是掌管后厨的山东籍大厨最擅长的拿手菜，不一味复制传统，道道有改良，出品简洁现代，调和众口。除了老菜新制，西食东渐亦有展现，黑松露焗翡翠虾球、鱼子酱佐鸭皮，以及京派蒜香铁板牛肉粒。同前厅服务一样，后厨空间充足且环境整洁，出品控制细腻，令人信任。

拾久 

京鲁菜

   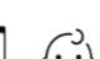

大厨段誉在京城摸爬滚打的第十九个年头，开了一间叫作“拾久”的餐厅，他说是为了让城中的新老北京人“重拾久远的味道”。在这间为新中产阶层量身打造的餐厅中，食客将会从空间、服务、出品中感受到带有仪式感的新京派味道。果丹皮包裹的鹅肝、带着茉莉花香的烤鸭、以意大利黑醋提味的炖带鱼、借鉴南北朝元素的现代景德镇瓷具……不同时代与文化的经典符号被段誉重新分解、杂糅，最终形成独特风格，其中饱含着一个新北京厨人对于食材、烹饪、城市与时间的理解。拾久的餐桌无定式，全球食材与烹饪手法收取自如，不同国籍与背景的食客，都能在盘中找到对于京城熟悉又陌生的温度与味道。

推荐招牌菜

拔丝榴梿
茉莉花香烤鸭
葱烧千岛湖鱼头
意大利黑醋汁带鱼

010-87774188 / 010-87774388

北京市朝阳区广渠门外大街 31 号 6 幢 01 号（双井桥麦乐迪 KTV 对面）

10:00—14:30，16:30—22:30

200 元 / 人

黑珍珠聚焦时刻

距离段誉以一道熟醉蟹扬名京城，已过去数年。这个年近四十岁的北方大厨，最近正在透过一间新餐厅，向食客们诠释自己二十年来从厨的全部理念。他将“拾久”视为自己的女儿，并且力求在各个细节中展现“久儿”低调优雅的气质。国贸往南不足一公里的地方，是北京新富阶层扎堆儿的地方，这些人正是段誉视线中的目标食客。他们注重食材的天然健康与价值贵贱，更注重空间私密性与就餐仪式感；他们来自世界各个角落，又将北京视为自己的第二故乡；他们希望坐在一间符合现代审美的餐厅内，请朋友吃一道经过“提纯”的全新京派糖油饼。拾久就是一间可以满足这些需求的餐厅。

与众不同的菜色并非无源之水，葱烧千岛湖鱼头、意大利黑醋汁带鱼、桂花山药酪、柴火柳沟豆腐、海参烧烩爪尖……当这些菜首次出现在拾久餐桌上，内容变了，调味变了，形态变了，南北调和，中西融汇。“新味”让食客们感觉似曾相识，又辨不清出处，菜色引发话题，话题拉近距离，食客之间生出食物之外的温度。

段誉花了十九年自茶道、插花、摄影与瓷器中寻找厨房之外的烹饪之道，形成一派拥有特殊美学的新京派味道。同时他还手握着大把中外优秀食材供应商，也是厨行内颇具人缘的一位。拥有一个如此细心的“父亲”，拾久的滋味自然出众。

沃夫冈牛排馆

扒房

Wolfgang Zwiener 曾经为纽约知名牛排馆 Peter Lugers 服务超过四十年。2004 年退休同儿子一起创立了同名牛排餐厅，至今已在美国与亚洲开启超过二十家分店。北京店自 2017 年开业，店内陈设充满美式复古意味，深色胡桃木地板，红木餐桌，人造石吊灯以及厚重的牛排刀叉。Wolfgang 餐厅只选择 22 ～ 24 个月的优质安格斯公牛，牛排在熟成房里经过至少 28 天的干式熟成。这种熟成方式会让牛肉减少 30% 左右重量，蛋白质发生改变让肉质生出浓郁香气，入口也更柔嫩。餐单上招牌干式牛排只有 T 骨 / 红屋、沙朗、肋眼三种选择，首次进店足够两人份的 T 骨大里脊值得一试，近 1000°C高温烤制的牛排，熟度精准，上桌时依旧油花沸腾。皮脆肉嫩的牛排，入口肉汁喷薄，肉香强烈，搭配芦笋、蘑菇等配菜，可称地道美式大餐。

推荐招牌菜

超厚焦脆培根
美国极佳级安格斯牛肉，干式熟成
（自有熟成培育房）
蟹肉饼
珍宝加拿大龙虾，烤或蒸

010-65924946

北京市朝阳区工人体育场北路甲二号盈科中心捌坊 1 层

11:30—00:00

838 元 / 人

梧桐

创意菜

坐落于朝阳区东北四环附近的梧桐，是京城早期颇有声名的创意菜餐厅。虽然是2007年开业的餐厅，却至今风头不减。餐厅占地面积近3000平方米，约一半的面积隐匿在充满绿植的户外花园中。室内外的过度延伸十分自然，设计巧妙的水景带来清凉，充满艺术感的装饰令整个空间耐人寻味。大量玻璃的使用，让阳光可以自由地投射到整个用餐区域，宛如坐在植物园中用餐一般。梧桐的菜单完整继承了传统宫廷菜的味觉记忆，同时结合了西式料理的优雅。以混搭的灵感升级了京城味道的表达形式。以中西美食文化的融合制造了味蕾上的喜剧冲突——招牌四味烤鸭特意搭配了自制的发面空心饼，食客可将鸭肉和各种配料直接夹在里面，既省去了包裹的麻烦；又能吸收了鸭子的油脂与香味，香浓不腻。

推荐招牌菜

fusion 水煮鱼
黑椒金蒜煎西冷
芒果粒三文鱼
梧桐四味烤鸭

010-64381118

北京市朝阳区霄云桥外芳园西路6号（近丽都花园南门）

11:00—00:00

350元/人

乡味小厨

中餐

乡味小厨开业的时候，着实引人注目。五星酒店里的餐厅，不是西餐就是高级粤菜，作为奢华酒店的北京瑰丽酒店，却开出一间十分质朴接地气的家常菜中餐厅，不能不让人心生好奇。乡味小厨主打中国北方风味家乡美食，你可以吃到烤羊腿、手工豆包、炸酱面等老北京家庭的拿手菜。主厨柴鑫就是土生土长的北京人，擅长粤、川、湘、鲁等菜系，并能创新融合各流派的精华所在，在传统日常的烹饪中呈现出来。以这些熟悉亲切的北方美味和质朴温馨的用餐氛围，乡味小厨迅速获得许多客人的喜爱。此外，乡味小厨亦花费研发力气，将许多深受老北京人喜爱，但因制作烦琐或对烹饪技艺要求高而几近失传的经典菜肴重新呈现出来，如 20 世纪 50 年代颇为著名的炉灶肉，这一点，立刻见出奢华酒店功力来。

推荐招牌菜

传统北京烤鸭
砂锅酸菜粉丝炉灶肉
炸烹大虾
芝麻菠菜

010-65360066

北京市朝阳区呼家楼京广中心北京瑰丽酒店 3 层

11:30—14:30，17:30—22:30

350 元 / 人

湘爱（工体店）

湘菜

湘爱颇有点异军突起的势头。湘菜很早就开始流行，梧桐旗下推出湘爱，定位创意湖南菜。餐厅环境与一般大众湘菜区别开来，优雅安静且不失时髦，透露出些许后现代的建筑美学，同时又采用了暖色系的灯光让整个空间不至于太过小众趣味，服务媲美高档粤菜餐馆，十分明确地瞄准商务人群。湘爱的出品依然传承湘西、湘江和洞庭湘菜支系的各家所长，坚持传统滋味，但又暗藏野心，要走出一条重塑湖南菜味觉组合的路子来。食材原料的选择标准就抬高了底线，看起来似乎十分传统的湘菜菜式，入口就知道食材的新鲜程度和品质等级绝不是一般湘菜馆子的标准；装盘上也更加时尚精致，融汇了西餐的摆盘艺术，非常迎合热爱生活的美食重度爱好者的需求。

推荐招牌菜

酱椒蒸千岛鱼头
一品当家土猪肉
湘味烧洞庭甲鱼
桥底辣炒宁海蟹

010-53520033

北京市朝阳区工人体育场北路 58 号

11:00—14:30，17:00—22:00

450 元 / 人

雪崴

日本料理

位于三里屯红街颇为隐蔽位置的“雪崴”，是这两年来颇为热点的京城高级天妇罗专门店。因两部纪录片，即使没去过日本的人，也知道了“寿司之神”和“天妇罗之神”的名号，张雪崴主厨就在“天妇罗之神”早乙女哲哉身边跟随学习了十二年，是早乙女青睐有加的大弟子。张雪崴回国后创立了自己的天妇罗专门店，据说店内空间和格局设计，也与师傅的“是山居”相差无二。餐厅面积不大，一长条吧台大约能容下 12 位客人，二层的两间小包间，也最多可坐 10 人。有“天妇罗之神”的加持，雪崴甫一开业，就赢了个开门红，诸多明星和企业名人，都是他的座上客。雪崴天妇罗只提供套餐，由主厨根据当天的食材情况决定菜单，以确保能够为客人提供最为新鲜、风味最佳的食材。

推荐招牌菜

蚕豆天妇罗
虾头天妇罗
星鳗天妇罗
紫苏海胆天妇罗

15321285714

北京市朝阳区工体东路丙 2 号中国红街 3 号楼 1 层 109

11:30—13:00，17:00—21:30

900 元 / 人

黑珍珠聚焦时刻

雪崴是餐厅名字，也是创始人张雪崴自己的名字。天妇罗对于国内的客人来说，是比较小众的日料形式，许多人都是从天妇罗之神的纪录片中才逐渐知晓这种烹饪方式的精妙所在。天妇罗不仅是油炸食品，也是蒸食，在高温油锅中瞬间封住轻薄的面衣，形成一个外壳，一方面热量继续加热食材，一方面，食材因高温释出的水分因面衣外壳无法逃逸，在短短几十秒中，对食材又进行了“蒸”的烹调处理。上好的天妇罗吃起来口感酥脆，面衣的香气和食材本身的风味水乳交融，是味蕾莫大的享受，但在料理过程上却十分残酷。不仅对食材品质有很高的要求，对于制作面浆的面粉，油锅中油的品种和比例，甚至食材下锅时的方面，都有严苛的讲究。一旦下锅数秒后，就没有什么回头路可走了。著有《菜市场里的大厨》的乔艾尔主厨评价天妇罗说，“这是一种一次决胜负的烹调手法，所有的条件都得在对的时间里一次到位。” 雪崴则将这种极为精细的高级日料带到北京，填补了京城日料领域的一块空缺。招牌炸虾天妇罗，将新鲜虾肉掰直、入锅、夹出、沥油、呈现，动作一气呵成。虾肉入口外部紧实、内里饱含鲜甜的汁水，教科书般的出品。紫苏海胆天妇罗则将大海的精华裹进香气宜人的紫苏叶中，犹如海鲜蛋糕，引得不少食客拍手称赞。

恰·丽都牛扒房 Char bar & grill Lido 

扒房

推开“恰 · 丽都牛扒房”的门，映入眼帘的是壁炉后中外厨师忙碌烹饪的身影。餐厅可容纳 60 人同时用餐，也可举办各种定制活动，并设有一处 12 人尊享的独立贵宾厅空间，十分适合举办各种纪念日、求婚等活动。餐厅提供 9+ 级和牛牛肉食材烹饪的品质菜品，以传统方法饲养的和牛拥有美好的霜降花纹，入口自是肥嫩甜美。为搭配以品质为代表的牛肉，厨师团队推出了包括法国迷迭香海盐、火山灰海盐、烟熏海盐等六款不同口味的瑞典海盐，还有包含原味、松露油和谷物蜂蜜混合的三款不同口味的芥末酱，力求每一口都有与众不同的体验感。同时，餐厅提供来自四个不同国家的五种定制切牛扒的刀具，让人“足不出国”就能体验到亚洲、美洲和欧洲美食家们对牛扒刀具的文化理解。

推荐招牌菜

恰·丽都冷肉拼盘
整只炭烤龙虾
1.5KG 战斧牛排
“恰”经典香蕉芝士蛋糕

010-84436220

北京市朝阳区将台路 6 号北京丽都皇冠假日酒店 1 层

周一至周六 17:00—22:00
周日 11:00—14:00，17:00—22:00

1000 元 / 人

黑珍珠餐厅指南

THE BLACK PEARL RESTAURANT GUIDE

美团 大众点评

其他 26 个城市上榜餐厅

城市	数量	城市	数量
澳门	14	巴黎	8
成都	15	重庆	6
东京	25	广州	14
杭州	15	昆明	3
曼谷	5	南京	5
宁波	6	纽约	10
汕头	4	上海	54
深圳	7	顺德	5
苏州	6	台北	4
台州	3	天津	3
武汉	4	西安	6
厦门	3	香港	21
新加坡	7	扬州	3

注：城市按拼音首字母排序；同城市餐厅按钻级由高到低排序，同等钻级餐厅按拼音首字母排序。

商户名称	城　　市	2019 年钻级
天巢法国餐厅	澳门	◆◆◆
巴黎轩	澳门	◆◆
皇雀印度餐厅	澳门	◆◆
永利宫	澳门	◆◆
御膳房	澳门	◆◆
誉珑轩	澳门	◆◆
8 餐厅	澳门	◆
大厨	澳门	◆
金坂极上寿司	澳门	◆
京花轩	澳门	◆
桃花源小厨	澳门	◆
陶陶居海鲜酒家	澳门	◆
協成海鮮火鍋	澳门	◆
紫逸轩	澳门	◆
Le Cinq	巴黎	◆◆◆
Epicure	巴黎	◆◆
Guy Savoy	巴黎	◆◆
JEAN-FRANÇOIS PIÈGE-le grand restaurant	巴黎	◆◆
Pierre Gagnaire	巴黎	◆◆
Kei	巴黎	◆
Sola	巴黎	◆
银塔餐厅	巴黎	◆
玉芝兰	成都	◆◆
8 号（成都群光君悦酒店）	成都	◆
Tivano 意大利餐厅	成都	◆
大德会席（远洋太古里店）	成都	◆
华道钰善阁	成都	◆
廊桥 THE BRIDGE	成都	◆
马旺子·川小馆	成都	◆
岷山饭店 The river house 西餐厅	成都	◆
南汇 57	成都	◆
松云泽	成都	◆

商户名称	城　　市	2019 年钻级
许家菜（望江店）	成都	◆
银芭（科学城店）	成都	◆
银滩鲍鱼火锅（希望路店）	成都	◆
云时节西餐厅（高新店）	成都	◆
子非	成都	◆
尘香	重庆	◆
美丽厨餐厅（棕榈泉店）	重庆	◆
芊月茗素食私宴	重庆	◆
首坐公馆	重庆	◆
于塗会馆（棕榈店）	重庆	◆
周师兄大刀腰片老火锅（解放碑店）	重庆	◆
Joel Robuchon Restaurant	东京	◆◆◆
NARISAWA	东京	◆◆◆
京味	东京	◆◆◆
鮨 さいとう	东京	◆◆◆
Florilege	东京	◆◆
L'Effervescence	东京	◆◆
Quintessence	东京	◆◆
SUGALABO	东京	◆◆
すし 喜邑	东京	◆◆
すし佐竹	东京	◆◆
虎峰	东京	◆◆
晴山	东京	◆◆
神楽坂 石かわ	东京	◆◆
四川飯店 日本橋	东京	◆◆
銀屋	东京	◆◆
Akasaka Teppanyaki	东京	◆
APICIUS	东京	◆
Les Alchimistes	东京	◆
Sushi Yoshitake	东京	◆
おにく 花柳	东京	◆
鮨 はしもと	东京	◆

商户名称	城 市	2019 年钻级
鮨 青木（银座店）	东京	◆
清寿	东京	◆
天てんぷら うち津	东京	◆
天ぷら 元吉	东京	◆
白天鹅宾馆·玉堂春暖餐厅	广州	◆◆◆
柏悦酒店－悦景轩	广州	◆◆
好酒好蔡研发工作室	广州	◆◆
丽轩中餐厅	广州	◆◆
空中花园	广州	◆
白天鹅宾馆·宏图府餐厅	广州	◆
炳胜品味（海印总店）	广州	◆
德利私厨—德叔鲍鱼（南村店）	广州	◆
广州酒家（临江大道店）	广州	◆
海晏楼（滨江东总店）	广州	◆
惠食佳（滨江店）	广州	◆
Jiang by Chef Fei 江	广州	◆
利苑酒家（宜安广场店）	广州	◆
荔雅图 Li Chateau	广州	◆
西子湖四季酒店·金沙厅	杭州	◆◆◆
La Villa Restaurant	杭州	◆◆
桂语山房高级餐厅	杭州	◆◆
杭州柏悦酒店·悦轩中餐厅	杭州	◆◆
解香楼	杭州	◆◆
兰轩村庄食坊（安缦法云店）	杭州	◆◆
龙井草堂	杭州	◆◆
新荣记（西溪湿地店）	杭州	◆◆
大蔬无界美素馆（万象城店）	杭州	◆
汉舍小雅汉舍小馆	杭州	◆
杭州君悦酒店·湖滨 28 中餐厅	杭州	◆
湖月·割烹料理	杭州	◆
曼殊怀石料理	杭州	◆
天伦里餐厅	杭州	◆

商户名称	城　市	2019 年钻级
西湖国宾馆紫薇厅	杭州	◆
翠府	昆明	◆
翠湖轩中餐厅	昆明	◆
昆明洲际酒店·香稻轩餐厅	昆明	◆
Gaa	曼谷	◆◆◆
Le Normandie	曼谷	◆◆
Sühring	曼谷	◆◆
Issaya Siamese Club	曼谷	◆
Paste Bangkok	曼谷	◆
香格里拉大酒店·江南灶中餐厅	南京	◆◆
大蔬无界·南京德基广场美素馆	南京	◆
龙吟山房	南京	◆
梅苑（金陵饭店）	南京	◆
汀蝉	南京	◆
东钱湖华茂希尔顿度假酒店·钱湖阁中餐厅	宁波	◆
美宴摩登餐厅（槐树路店）	宁波	◆
明阁	宁波	◆
宁波柏悦酒店·钱湖渔港	宁波	◆
宁波状元楼酒店	宁波	◆
上一水产（风格尚品店）	宁波	◆
Chef's Table At Brooklyn Fare	纽约	◆◆◆
Eleven Madison Park	纽约	◆◆◆
Le Bernardin	纽约	◆◆
Per Se	纽约	◆◆
Decoy Bar	纽约	◆
Jungsik	纽约	◆
Marea	纽约	◆
Peter Luger Steak House	纽约	◆
Tori Shin	纽约	◆
好	纽约	◆
潮汕味道煮海餐厅	汕头	◆◆
潮林府私房菜	汕头	◆

商户名称	城　市	2019 年钻级
富苑饮食	汕头	◆
建业酒家（凤凰山路店）	汕头	◆
Ultraviolet by Paul Pairet	上海	◆◆◆
福和慧	上海	◆◆◆
菁禧荟	上海	◆◆◆
8½ Otto e Mezzo BOMBANA	上海	◆◆
乔尔·卢布松美食坊	上海	◆◆
Le Comptoir de Pierre Gagnaire	上海	◆◆
Le Rivage	上海	◆◆
大董（越洋广场店）	上海	◆◆
福 1015	上海	◆◆
皇朝会	上海	◆◆
家全七福酒家（静安店）	上海	◆◆
明阁	上海	◆◆
西郊 5 号	上海	◆◆
新荣记（南京西路店）	上海	◆◆
雍颐庭	上海	◆◆
甬府	上海	◆◆
游宴一品淮扬	上海	◆◆
Alan's Bistro	上海	◆
Bistro 321 Villa LE BEC	上海	◆
Bistro Sola	上海	◆
Bo Shanghai	上海	◆
Mercato by Jean-Georges	上海	◆
Mr & Mrs Bund-Modern Eatery by Paul Pairet	上海	◆
OPPOSITE by Jenson&Hu	上海	◆
PRIMO1	上海	◆
索洛餐厅	上海	◆
SUSHI YANG	上海	◆
禅一·静观堂	上海	◆
传承料理小羽	上海	◆
大蔬无界·上海徐家汇公园美素馆	上海	◆

商户名称	城　市	2019 年钻级
斐霓丝餐厅酒吧	上海	◆
福 1088	上海	◆
伙坊水产	上海	◆
季悦火锅（锦江店）	上海	◆
晶采轩（恒隆店）	上海	◆
老乾杯	上海	◆
利苑（IAPM 店）	上海	◆
楼上火锅（茂名路店）	上海	◆
奈良本寿司	上海	◆
浦江春晓	上海	◆
鮨心和	上海	◆
鮨直輝	上海	◆
茹丝葵牛排馆	上海	◆
瑞华樟园	上海	◆
鮨太郎·巓	上海	◆
食光西餐厅	上海	◆
苏浙总会	上海	◆
新大陆—中国厨房	上海	◆
王宝和上海餐厅	上海	◆
洋房火锅（新天地店）	上海	◆
玉芝兰	上海	◆
御宝轩	上海	◆
子福慧	上海	◆
醉东（静安嘉里店）	上海	◆
邻舍有机餐厅	深圳	◆
老乾杯（平安金融中心店）	深圳	◆
利苑酒家（宝安南路店）	深圳	◆
鮨一日本料理（大中华店）	深圳	◆
四季酒店·卓粤轩	深圳	◆
四叶寿司（华侨城店）	深圳	◆
植藤·匠日本料理	深圳	◆
东海海鲜酒家	顺德	◆◆

商户名称	城　市	2019 年钻级
顺峰山庄（大良店）	顺德	◆
松记餐厅	顺德	◆
鱼膳坊（凤城食都店）	顺德	◆
猪肉婆私房菜	顺德	◆
大蔬无界（诚品店）	苏州	◆
苏州凯悦酒店·华池 88 中餐厅	苏州	◆
金海华·苏 SHOW（李公堤旗舰店）	苏州	◆
龍月	苏州	◆
太和·红火锅料理	苏州	◆
吴江宾馆 . 江宾美食	苏州	◆
Mume	台北	◆◆
RAW	台北	◆◆
少帅禅园	台北	◆
欣叶食艺轩	台北	◆
新荣记（灵湖店）	台州	◆◆◆
新荣记（中心大道店）	台州	◆◆
老扁酒家	台州	◆
耳朵眼会馆	天津	◆
津菜典藏（中北镇店）	天津	◆
四季酒店·津韵	天津	◆
粗茶淡饭·壹号餐房	武汉	◆
湖滨客舍	武汉	◆
亢龙太子酒轩（花园店）	武汉	◆
啫啫 021 法式铁板烧	武汉	◆
梵	西安	◆
海市陕菜馆	西安	◆
凯悦酒店·湖畔中餐厅	西安	◆
莲餐厅	西安	◆
莲花餐饮（朱雀店）	西安	◆
长安壹号	西安	◆
CHIC1699 远洋私厨（建发品尚中心店）	厦门	◆
红厝 8 号	厦门	◆

商户名称	城　市	2019 年钻级
上青本港海鲜	厦门	◆
好酒好蔡	香港	◆◆◆
龙景轩	香港	◆◆◆
志魂	香港	◆◆◆
8½ Otto e Mezzo BOMBANA	香港	◆◆
Caprice	香港	◆◆
L'Atelier de Joël Robuchon	香港	◆◆
Ta Vie 旅	香港	◆◆
VEA Restaurant & Lounge	香港	◆◆
Amber	香港	◆◆
肉匠	香港	◆◆
天龙轩	香港	◆◆
铁板烧·铸	香港	◆◆
欣图轩	香港	◆◆
厨魔	香港	◆
大班楼	香港	◆
高流湾海鲜火锅	香港	◆
嘉麟楼	香港	◆
明阁	香港	◆
唐阁	香港	◆
天宝阁	香港	◆
文华厅	香港	◆
Odette	新加坡	◆◆◆
Corner House	新加坡	◆◆
JAAN	新加坡	◆◆
Les Amis	新加坡	◆◆
Burnt Ends	新加坡	◆
Candlenut	新加坡	◆
夏苑	新加坡	◆
趣园茶社	扬州	◆◆
扬州宴（瘦西湖店）	扬州	◆◆
淮食·禧狮楼（万达店）	扬州	◆
欧社（关闭）	上海	◆

本册书籍所有内容数据信息截止时间为 2019 年 1 月 10 日。

"Black Pearl Restaurant Guide": the Crème de la Crème of Chinese Restaurants

On January 10, 2019, Meituan Dianping launched the "Black Pearl Restaurant Guide 2019" (the "Guide 2019"), which is a professional restaurant guide tailored to Chinese tastes offering a selection of the best restaurants, based on a strict, fair assessment system.

The Guide 2019 invited famous Chinese chefs and renowned gastronomes to form a council responsible for selecting the final list of restaurants, and brought together culinary experts, culinary opinion leaders and gastronomes to form a judging panel. They nominated and visited restaurants anonymously, providing impartial restaurant grades and appraisals. Industrialists, media figures and investors with a strong interest in gastronomy were also invited to act as special advisers, offering wide-ranging suggestions and opinions to the panel. Meituan Dianping also commissioned an independent third-party the PwC, professional services firm, to implement assessment processes as determined by the "Guide 2019" council.

The "Guide 2019" has assessed restaurants in 22 Chinese cities (Beijing, Shanghai, Guangzhou, Shenzhen, Nanjing, Hangzhou, Suzhou, Wuhan, Chongqing, Ningbo, Xiamen, Tianjin, Yangzhou, Chengdu, Xi'an, Hong Kong, Macao, Taipei, Kunming, Taizhou, Shantou, and Shunde) and five cities overseas (Tokyo, Bangkok, Singapore, Paris, and New York). Selected restaurants have been allocated one of three grades: three diamonds (once-in-a-lifetime must-visit), two diamonds (perfect for special occasions), one diamond (excellent for gatherings of family and friends). Of these, three diamonds is the best.

Apart from setting gastronomic standards for Chinese people, and identifying premium restaurants suited to Chinese culinary tastes, it is also hoped that the "Guide 2019" will prove useful to gourmets worldwide, enabling them to appreciate more deeply Chinese cuisine and its rich cultural significance.

"Black Pearl Restaurant Guide": the Chinese food listing that helps you enjoy better food, and live a better life.

Wang Xing

CEO of Meituan-Dianping

Among the rich and diverse Chinese culture, culinary culture is the core and the most representative component. Chinese cuisine has now reached every corner of the world as China grows in strength. The "Black Pearl Restaurant Guide" is designed to help people all over the world appreciate traditional Chinese culture through "Chinese taste". We hope to extract the essence of Chinese culinary culture with this Guide, by assessing and spreading the culinary culture from Chinese perspectives, allowing more people around the world to better understand the ingenuity and charm of Chinese cuisine.

What does it take to produce a good restaurant guide? That has always been a burning question on my mind. I believe three elements are essential: love, devotion, and patience.

First, love. The most fundamental prerequisite is a sustained love for good food. Such a love should transcend taste buds: one should first understand and love Chinese culture if one is to understand Chinese cuisine. Take the well-known Braised Dongpo Pork as an example—an anecdote of traditional culture lies behind the dish. Therefore, when we spread our culinary culture across the world, we are also exporting our cultural confidence. Yet, that does not mean sticking to traditions. Rather, we should spread our culinary culture from a basis of understanding its traditions so that more people will like it. We should gradually unearth, bring back the "old masters" and unique techniques of the culinary world so that the quintessence of Chinese cuisine can be passed down to the generations. Cuisine is a magical field that combines technology, culture, art, and business perfectly. With our deep love for new technology and new art, we can continually create innovations on the basis of traditional culinary culture. The fast pace of technological growth gives rise to more culinary possibilities. If there is no quantum technology, it would have been unlikely for us to discover the mysteries behind the original flavors of food. New technology is the key to opening up new culinary worlds. Cuisine tasting is the art form that engages the most sense organs. In a new-age cuisine-tasting scenario, not only are the flavors emphasized by Chinese cuisine blended and perpetuated, but even more flavorful experience is innovatively derived by combining sound and light. The diverse scenarios of culinary experiences are more like art appreciation events which are novel and interesting. Such ways of dining not only embody the culinary ingenuity but also give rise to a new possibility, the rejuvenations of Chinese culture through innovative culinary rejuvenation. It is indeed true that cuisine cannot be separated from business. If no food exchanges and global trade brought about by the Age of Discovery, we might not have the dish Stir-Fried Tomato and Scrambled Eggs today. We should also love different cities and localities, for behind every dish is a story of a group of people, a locality, or a city. The sense of happiness and satisfaction derived from good food will cause one's love for food and extend to a love for a group of people or a city. Hopefully, the Guide will help bring economic prosperity to every city it covers, and make more tourists appreciate and love the city.

The second is devotion. A well-designed restaurant guide requires not only financial input but also the input of numerous resources and great efforts. With an attitude of responsibility toward our culinary culture, we are investing manpower and resources on a large scale. We have to not only design and operate the whole system, but also get people to supervise and assess it so as to ensure the quality of the Guide. Because our primary motivation for doing this is not for profit, no charge from restaurants and chefs. This is how we ensure the impartiality and authoritativeness of the Guide.

The third is patience. To succeed in whatever one does, one has to be patient and consistent over a long period of time. A good restaurant guide cannot be produced overnight, not to mention that what we are trying to promote is Chinese cuisine, of which culture goes back thousands of years. Many traditional techniques need to be unearthed and then combined with new technologies and concepts. While searching for "old masters" and "unique techniques", we also have to identify young, talented chefs. Now since we have released the Guide, we are determined to make it a regular offering with patience and determination. We hope to make the Guide a global food list that caters to Chinese taste buds and survives the test of time.

Pearls are resplendent and organic, which means they have to be continually maintained or they will lose their luster. We hope that, aided by our dreams and determination, the Guide will become a source of pride for Chinese culinary culture, allowing people around the world to feel the sense of happiness and cultural confidence imparted by Chinese taste.

Zhang Chuan

Senior Vice President of Meituan-Dianping
President of In-store Dinning/Services BU
Chairman of the Organizing Committee of the "Black Pearl Restaurant Guide"

On January 10, 2019, Meituan-Dianping released the "Black Pearl Restaurant Guide 2019".

Thinking back to when we compiled the first "Black Pearl Guide" in 2018, we were "fearless" and entered the premium culinary field with the mindset of Internet practitioners, with the aim of offering a restaurant list for Chinese people.

However, by 2019, we became "awed" by the field rather than being "fearless". More than a restaurant guide, our guide seeks to become a bearer of Chinese culinary culture and also a driver of the development of China's culinary industry.

Chinese culinary culture goes a long way back, and the "Black Pearl" is now drawing the attention of more and more gourmets. After getting the support of more and more famous chefs gastronomes and culinary opinion leaders, I feel a greater sense of responsibility. When we initially opened the door of this Guide, we never imagined that what we actually opened was the entire treasure vault of Chinese culinary culture. This has not only surprised us but more so engendered a greater sense of mission. Such a treasure vault requires our whole team to grasp the real meaning of "Chinese taste buds". The Guide belongs not only to us at Meituan-Dianping but also all Chinese culinary practitioners, for it gathers the passions of China's entire culinary circle and even the wider public. In order to come up with "a restaurant list for Chinese people", it needs to amass the wisdom and experience of more outstanding people. Only through such efforts will grow into a world-class brand and a key component of Chinese culture.

Going forward, we will remain focused on the core spirit of the "Black Pearl": adhere to the spiritual essence of "Chinese taste buds" and more so ensure the authoritativeness and impartiality of the Guide; ensure the anonymity of judges and the fairness of the system; and maintain a non-profit-oriented approach. Only in this way can we sustain the long-term, healthy development of the Guide.

Thanks all chefs, managers, and staff of the "Black Pearl"restaurants. It is their tireless efforts that make it possible for us all to savor amazing Chinese cuisine. They are the true representatives of Chinese culinary culture. Also thanks council members, judges and advisers of the review committee. This team of maestros has offered multi-dimensional professional advices and their preciseness and selflessness have rendered the guide professional and objective. Our thanks should also go to the "Black Pearl" team for their hard efforts. They keep improving the review system and value the "Black Pearl" brand with a sense of responsibility. We hope that all people in this industry can work together to carry forward Chinese culinary culture, produce "a restaurant list for Chinese people", and spread Chinese taste all over the world.

Dong keping

Member of Black Pearl Restaurant Guide Council

Food Connoisseur

Chinese Chefs Take Center Stage

On January 10, 2019, Meituan Dianping launched the "Black Pearl Restaurant Guide 2019" in Macao, which marked the company's recognition of the culinary efforts of the 287 restaurants included, providing these with inspiration to further improve their offerings, to continue to innovate, and to go on to greater glory.

At the awards ceremony, some of the winners were restaurant managers. But more were executive chefs, providing a moving spectacle of unsung heroes stepping into the spotlight to receive well-deserved honors.

In ancient China, catering was a humble-almost despised-trade, with low social status accorded to chefs. Despite the emergence of Yi Yin—the chef-turned-minister dubbed the "Forefather of Chinese cooking"—it was only as late as the Song Dynasty that "chef" was recognized as an independent profession. Prior to that, chefs were merely considered the domestic servants of wealthy, influential families.

Misinterpretation of Mencius' aphorism, "A gentleman stays away from the kitchen"—which intended only to imply that the mental state of a gentlemen was incompatible with animal slaughter—led subsequent generations to despise chefs still more over the millennia.

In Fundamentals of National Reconstruction, Sun Yat-sen praised Chinese cuisine, elevating it to the same status as art, since both were processes for creating beauty: "All things pleasing to the eye and the ear are art. Thus all tastes pleasing to the mouth should be considered works of art, and cooking should be considered an art." When Chinese cuisine and dishes are viewed from this perspective, humble chefs are creators of works of art.

Social and cultural development and prosperity were essential factors in the improvements in chefs' social status. In the early 16th century, as the Western world shook off the darkness of Middle Ages, the emergence of more modern societies allowed palace chefs to bring palace cuisine to European restaurants. Once the tethers of feudal society were broken, approaching cooking from scientific, creative, and artistic perspectives allowed creation of a huge variety of innovative dishes. And since then, European cuisine has been engaged in endless modernization.

Chinese cuisine was only able to begin a similar process after the adoption of the Reform and Opening Up policy. But during China's resultant economic and national resurgence, the culinary industry, facing rapidly growing demand, flourished, creating a booming market and spate of innovation. That gave rise to a host of industrialists and other eminent figures who reshaped Chinese cuisine, meanwhile enhancing the status of Chinese chefs. To cater to gastronomes, these chefs continually broadened their horizons, seeking to form their own distinctive styles of Chinese cuisine via innovation based in tradition. Publications such as the "Black Pearl Restaurant Guide" give chefs public visibility, and broaden the opportunities for growing numbers of Chinese chefs to take the stage, and enjoy the spotlight.

Some top performers are gracing global stage. Combining China's classical literature and art with cooking, Da Dong offers Chinese flavor with artistic touch, thereby billed as a "city hero"; Wang Yong, a chef in Hangzhou was honored as "Chef of the Year" by a renowned global magazine.

With their hard work and creativity, chefs add flavor to peoples lives through their dishes: in my eyes, they are the heroes of the modern city. And the most famous of them are true culinary industry figures. Famous chefs make renowned restaurants possible, and vice versa: both are necessary to provide the experiences that epicurean seek. As social progress continues, culinary demands are sure to continue to grow, and the significance of "Black Pearl Restaurant Guide" will surely continue to increase.

Sun Zhaoguo

Member of Black Pearl Restaurant Guide Council

Master chef

Headline: Innovation Is Celebrating Traditions

After all, innovating Chinese cuisine still depends on traditions.

No doubt we should honor our rich and diverse Chinese culinary culture, but at the same time we should also keep abreast of global culinary trends to present Chinese dishes in a way that Western counterparts do, all the while still staying true to their unique flavors and tastes.

We should train our avant-garde sights while celebrating our admirable traditions.

Only because of relying on culinary concepts and skills stemming from our traditions, has our Chinese cuisine been able to gain a foothold in the global gastronomic world. It is natural to innovate, but we ought to root our innovative concepts in our traditions, and reject incondite, nonsensical combinations. That's because Chinese cuisine has its roots—each dish has its own unique story, and some stories absolutely cannot afford to be abandoned and neglected.

For example, "Wagyu 60g with Pear" is an all-star at my opening of Maggie 5. Above all, this dish is well-crafted and tailored to Chinese palates. For this dish, the low-heat cooking method typical in Western cuisine enables the beefsteak to maintain its tender texture, and also crushed black pepper and lemon juices are added to take the flavor up a notch while balancing out the richness, rendering a perfect marriage of Chinese and Western culinary elements.

Chinese cuisine is rooted in this vast land where we grew up. Due to differences in ingredients resulting from climates, soil conditions, and customs that vary from place to place, Chinese flavors also vary greatly according to local dietary customs and unique culinary methods. For years, I have been searching for quality ingredients nationwide. I went to Sichuan's Huidong County to sniff out truffles, and to Anhui's Huizhou District to process rapeseed oil. I believe that suitable ingredients are the basis of a satisfying spread.

However, Chinese cuisine is too empirical, but this foible is also its feature. Chinese cuisine involves many cooking methods, like steaming, boiling, stewing, stir-frying, quick-frying, deep-frying, baking, and roasting. These methods that I have personally experienced can neither be replicated nor replaced with advanced technology.

Therefore, mechanizing and standardizing Chinese cuisine has long been a heated topic, and it's really not an easy thing. Or in other words, mechanizing and standardizing Chinese cuisine would involve totally different flavor types and concepts.

The same is true when pairing Chinese dishes with wine—a fashionable yet definitely not an optimal pairing. Wine has only found its way into Chinese markets in the last two decades. Different meals should be paired with different wines. For Western cuisine, red wine is the best complement, while in the case of Chinese cuisine with a complex multiplicity of flavor types, especially Sichuanese food that features heavily now in the Chinese gastronomic world, any kinds of red or white wine cannot simply go well with the electrical and spicy kick. Apart from Sichuanese food, China's other flavor types are also unpredictable. What characterizes Chinese-style flavors is temperature. Different combinations of stomach-warming soups and rich dishes have created different flavor types and diverse tastes Chinese people are familiar with.

In a real sense, tea is the best complement to Chinese dishes all along. Mild and fragrant green tea is the top pick alongside starters like dim sum and cold platters; light and refreshing tribute chrysanthemum tea is the best complement to the mains; black tea rich in polyphenols can help decompose cholesterol, bringing any meals to a satisfying conclusion.

Positioned as "our Chinese own gourmet food list", the Black Pearl Restaurant Guide is committed to exploring more about Chinese palates, which will give a strong boost to Chinese cuisine physically. With flavor types, cooking methods, combinations, flavors and other dimensions as judgment basis, this guide has set a right direction.

I hope that Chinese cuisine will define itself with healthier, more beautiful, and more delectable dishes, putting it even more squarely on the global food map.

Contents

Messages from the Council Members

(Names presented in lexicographical order, based on the initial letters of each transliterated Chinese character.)

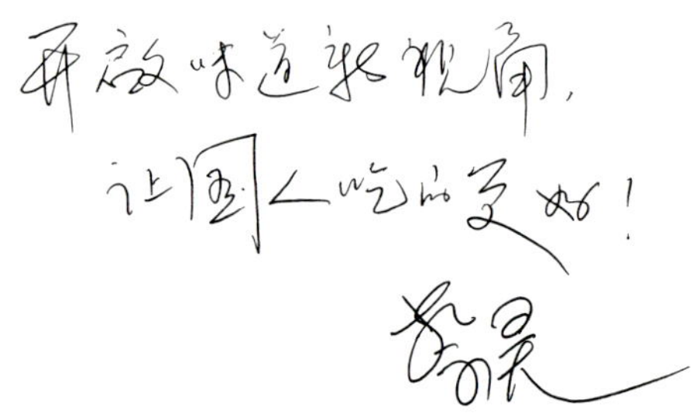

好味道经得起品评，

值得让更多人分享。

大董

黑珍珠餐厅指南，建立饮食文化自信的坚实出发点。

董克平

传中华美食之大成

享人间美味之道

胡丽妹

大味至简 匠成匠心

为黑珍珠捕真味传匠心点赞。

[illegible]

寻美食新径

品饕餮至味 厉晓麟

好的味道，经得住最严苛的考验，也值得让更多的人品尝与分享。愿黑珍珠助力中国美食文化让更多人懂得、喜欢。

捕味者 孙兆国

捕人间至味

传美食大道 周晓燕

人生岂能只若初见，

更有爱与美食与子偕老。

[illegible]

The Black Pearl Restaurant Guide Commitment

Anonymous Visits

Professional Judges will visit selected restaurants anonymously as diners, evaluating them based on uniform standards, and giving them scores. If a Judge's identity is disclosed during evaluation and scoring, all evaluations provided by that Judge will be discarded and he/she will be disqualified from judging.

Professionalism and Authoritativeness

The Organizing Committee of the Black Pearl Restaurant Guide will, based on the cuisines of shortlisted restaurants and Judges' professional fields, designate suitable judges for each restaurant. Each Judge must visit his/her designated restaurants in person, anonymously, providing scores and evaluations after dining there. The Council will then organize domestically reputed master chefs and gourmets to review this evaluation and scoring.

Fair Evaluation and Selection

We uphold principles of fairness and equity, adopting procedures agreed upon with independent third party PwC[1]. Council members and judges will make declarations of interests, and recuse themselves from evaluation and scoring of restaurants where conflicts of interests exist.

Meticulousness and Balance

We will strictly and meticulously observe all evaluation criteria and rules. We will take both tradition and innovation in Chinese cuisine into account, striking a balance between the two.

Integrated Development

We are committed to showcasing culinary judging criteria with Chinese characteristics, and Chinese cuisine, to the world, thereby promoting increased worldwide recognition of Chinese cuisine.

---

❶ PwC refers to Pricewaterhouse Coopers. This firm will implement Black Pearl Restaurant Guide's agreed-upon procedures for the Council during the evaluation and scoring of restaurants.

The Diamond System

In the Black Pearl Restaurant Guide, selected restaurants will be awarded one to three diamonds, with Three Diamonds representing the maximum grade. The Guide will be updated periodically.

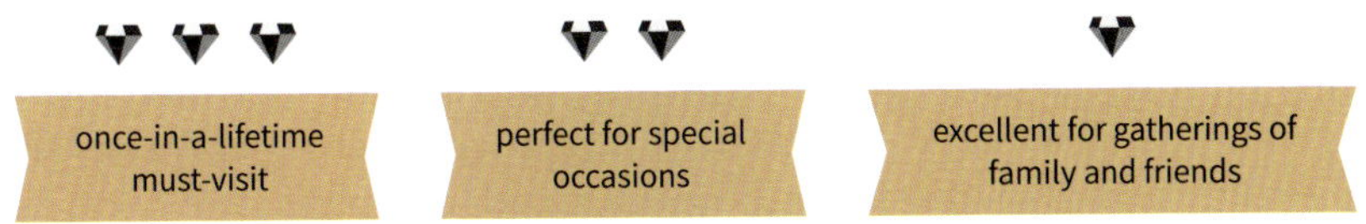

Evaluation Standards

Cooking

Quality of food, pairing of dishes, food flavor, culinary skill, appearance and freshness of food.

Experience

Restaurant atmosphere, service and management, facilities, pairing of foods and wines.

Tradition and Innovation

Integration of cultural tradition and innovation.

Evaluation System

The Council

The Council is comprised of Chinese master chefs and famous gourmets. Council members will not participate in anonymous visits and scoring, and are not permitted to change the final version of the list, by, for example, adding restaurants. Members' anonymity in voting will be protected by suitable technology.

The Council is comprised of 18 members. Listed in lexicographical order based on the initial letters of each transliterated Chinese character, these are:

Cai Hao
Gourmet, Whisky Taster

Dong Keping
Food Connoisseur

Dong Zhenxiang
Master Chef

Huang Hai
SVP of Meituan Dianping
Head of Dianping Platform

Huang Ke
Gourmet Master

Hu Limei
Master Chef

Lan Minglu
Master Chef of Sichuan Cuisine

Li Xiaolin
Successor of Family Li Imperial Cuisine

Lv Yang
Master Sommelier

Lin Zhenguo
Internationally renowned Master Chef

Craig Au-Yeung Ying Chai
Organizer of food culture events, Food Writer

Peng Shuting
Food Connoisseur

Sun Zhaoguo
Master Chef

Wang Chongxiao
Documentary Director

Wang Xing
CEO of Meituan Dianping

Zhang Chuan
SVP of Meituan Dianping
President of In-store Dinning/Services BU

Zhou Xiaoyan
Master Chef

Zhao Yinyin
Master Chef
World-class Pianist

Judging Panel

The Judging Panel consists of culinary experts, opinion leaders in the culinary sector and gastronomists.

Functions:

- To nominate restaurants and visit them anonymously; to provide objective, fair evaluations and scores, consistent with the evaluation rules and based on personal dining experience;
- From perspectives including cooking skills, dining experience, and balance of tradition and innovation, to fairly, impartially and comprehensively evaluate and score all nominated restaurants.

Partial list of Judges, listed in lexicographical order based on the initial letters of each transliterated Chinese character:

Bonnie Zhang
Screenwriter, Gourmet

Chi Xin
Director of "chixin1pian"

Chris St.Cavish
Editor-in-chief of SmartShanghai

Penny Dai
Food Connoisseur

Dong Xin
Senior Media Professional

Er Ya
Food Writer, Journalist

Fenny Fan
Director of "fennyfan17"

Ganyu Huluan
Yunnan Food Connoisseur of A Bite of China

FanViajero
Gourmet and Travel Columnist

Kevin Chan
Well-known Gourmet Traveller

Li Shu
Food Culture Researcher

Lin Zhenbiao
Best-selling Author (Gourmet)

Ma Da
Founder of "smzdc2015"

Nanmao
Food Writer, Hostess

Qin Feng
Entrepreneur and Gourmet

Qin Zhuonan
The Fifth Successor of Shanghai Cuisine

Susan Aichi
Senior Gourmet in Shenzhen

Shen Jialu
Food Writer, Journalist

Si Xiaole
Senior Food Copywriter

Fiona Sun
Founder of "Winepicurean"

Xi Bei
Food Connoisseur, Food Blogger

Ye Jiang
Senior Food Writer

Zhou Lei
Japanese Food Writer

May Chow
Founder of Little Bao

Zhang Weibin
Senior Gourmet in Ningbo

Note: above is a partial list of members of the Judging Panel for the Black Pearl Restaurant Guide 2019. Those Judges who have agreed to be publicly identified will be ineligible for the Black Pearl Restaurant Guide 2020 Judging Panel.

Special Advisers

Special Advisers are business and media moguls and investors.

Function: to provide wide-ranging advice to the Black Pearl Restaurant Guide2019 Judging Panel.

List of members, listed in lexicographical order based on the initial letters of each transliterated Chinese character:

Jiang Nanchun, Founder of Focus Media; Shen Hongfei, Writer; Wang Gaofei, CEO of Sina Weibo; Wang Lu, Vice President of Baidu; Wong Yingwai, President and Executive Director of Sands China Ltd. ; Xu Xin, Founder and President of Capital Today; Zhu Yawen, Renowned Actor.

Jiang Nanchun
Founder of Focus Media

Shen Hongfei
Writer

WangLu
Vice President of Baidu

Wong Ying Wai
President and Executive Director of Sands China Ltd.

Xu Xin
Founder and President of Capital Today

Zhu Yawen
Renowned Actor

Visa非凡食客
中国味蕾 赏味全球
VISA
黑珍珠餐厅指南™
美团 大众点评

Selection Criteria

- Nomination of restaurants and declarations of interest: the Judging Panel and Council shall list the selected restaurants, and complete declarations of interest with regard to these.
- Review of restaurant food safety and business registration: the Organizing Committee shall be responsible for reviewing the food safety and business registration of the restaurants selected for the first round.
- Selection of finalists: Council members shall select finalists from among the first-round restaurants through an anonymous online voting procedure.
- Publicity: finalist restaurants will be publicized on the Meituan and Dianping apps; and public opinions and suggestions regarding them will be collected online.
- Anonymous visit and scoring: the Judging Panel shall visit selected restaurants anonymously and submit their evaluations and scores.
- Off-line final review: the Organizing Committee will organize the Council to hold the offline final review meeting. The Council will take an anonymous vote on the first-round restaurants selected by the judges, through evaluation and scoring tools. Independent third-party PwC shall participate in the offline final review meeting, implementing the procedures agreed upon with the Black Pearl Restaurant Guide 2019's Council during the evaluation and scoring phase, counting the votes, and confirming the final version of winners' list.

Explanations

1. The Principle of Fairness

The Black Pearl Restaurant Guide hereby provides assurance that selection or inclusion in the list is not in any way related to purchase by restaurants of Meituan Dianping products. In cases where service charges are demanded in exchange for procuring selection or listed of any restaurant, please safeguard any relevant evidence and forward a copy to heizhenzhu@meituan.com. Alternatively, please contact the service hotline: 101 001 07 (9:00—21:00, Monday—Sunday, Beijing Time). Meituan Dianping is committed to severely punishing those involved with any infringement, and reserves the right to litigate.

2. The Principle of Anonymity

Membership of the Council is publicly disclosed.

Membership of the Judging Panel is kept strictly anonymous. Once the Winners List is publicized, those members of the Judging Panel who agree to public identification will be disbarred from membership of the Judging Panel for Black Pearl Restaurant Guide 2020.

Special Advisers are anonymous; those who have not participated in anonymous visits and scoring have no influence over the Winners List.

3. Confidentiality

All information related to Black Pearl Restaurant Guide 2019, including but not limited to evaluation and scoring, tools, system information, Judges' identities etc. are trade secrets of Meituan Dianping. All information and relevant materials can only be provided by evaluation experts who have signed cooperation agreements. Project information related to Black Pearl Restaurant Guide 2019, including but not limited to evaluation and scoring tools, manuals, etc. shall not be copied, screenshot, printed or disclosed to others by any member of the Judging Panel and Council, or Adviser, without prior written consent of Meituan Dianping.

4. Punitive Measures

After the list has been drawn up and publicized, Meituan Dianping reserves the right to disqualify, remove and punish any restaurant failing to meet its evaluation standards with regard to food safety, epidemic and accident prevention, excessive hype for being selected etc.

黑珍珠餐厅指南

THE BLACK PEARL RESTAURANT GUIDE

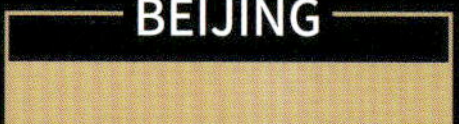

Note: The list is sorted according to the restaurant s diamond level from high to low, the same diamond level restaurant ranks in no particular order.

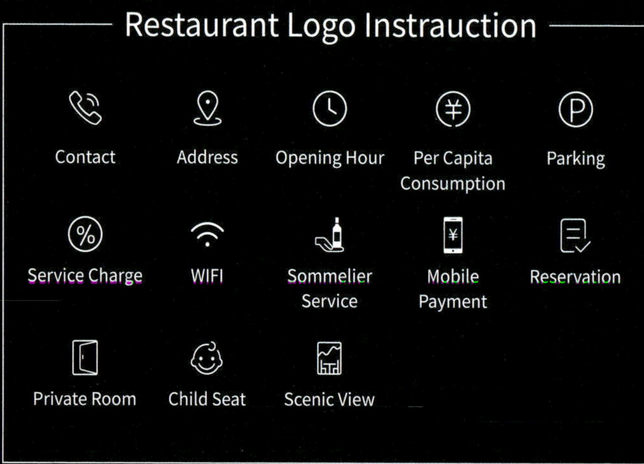

A must-go restaurant once in lifetime

A must-go restaurant on anniversaries

A must-go restaurant for parties

The Evolution of Beijing Cuisine

Author / Xiao Kuan

In 1963, the State Dietary Service Administration published a set of books entitled Famous Chinese Recipes. Book one, Special Flavors of Beijing, mentioned Quanjude's Hanging Roasted Duck, Donglaishun's Broth-boiled Mutton, Kaorouji's Barbecue, Shaguoju's Stone Pot Pork, Jinshenglong's Deep-fried Tripe, Jingquanju's Pork Casserole, Huixianju's Stir-fried Pig Liver, and Douzhizhang's soy milk...

Some of these restaurants are no longer to be found, their glory faded into oblivion. But their dishes, cooking techniques, culinary aesthetic, and memory, are deeply ingrained the city's personality. And over half a century later, Beijing's unique accent and flavors are still its essence. So in 2018, Beijing's characteristic delicacies are still Roast Duck, Broth-boiled Mutton, Barbecue, Stir-fried Pig Liver, Deep-fried Tripe, Deep-fried Dough Rings with Soy Milk, and Pork Stew with Flatbread.

According to Meituan's Black Pearl Restaurant Guide, top-rated traditional Beijing dishes can be found at DaDong, Country Kitchen, 1949-Duck de Chine which is famous for its Roast Duck... All provide flavors connecting the past and future of the city.

In 2003, I became a food and lifestyle journalist at a newly-founded newspaper, leading me to go back to square one. I begin to observe the evolution of the city's tastes from a bystander's perspective. These changes reflected the evolution of aesthetics. The past always hints back at origins. And the waxing and waning of a dish's popularity is every bit as much a part of the history of a city as the rise and fall of its neighborhoods.

South Beauty, Jingya, Shunfeng, Jinyue, and Xiang'eqing—once the quintessential marques of upscale Beijing restaurantation—have faded over the past few years. They submerged under the weight of an influx of capital, or untenable changes in policy. But the upscale dining of that era was only upscale in appearance, not in terms of the food it provided. Magnificent private rooms, conspicuous consumption, and a whole gamut of diabolic trade craft together inflated a bubble doomed to burst.

A new generation—DaDong, New Wing Kee, Wish, Yotsuba, and more-emerged, highlighting the need for quality and culinary aesthetics. Conspicuous consumption is now an outdated concept. People no longer pay for "face"; they pay for innovative ideas, for beauty, and for ingredients. It is a dramatic change in priorities which has driven the transformation of upscale restaurants in Beijing.

DaDong is a prime example. In little over ten years since the 2006 opening of DaDong's first branch at Nanxincang, the chain has developed into a restaurant giant with more than ten branches under the DaDong, Xiaodadong, and Dadongya marques in Beijing, Shanghai, Shenzhen, and New York, and annual sales volume of nearly RMB 2 billion. The 2017 opening of DaDong's New York branch also marked a major breakthrough in the globalization of Chinese upscale dining.

When New Wing Kee opened on the basement floor of Intercontinental Hotel Beijing, Jinrong Street, Taizhou City was an unfamiliar name to many Beijing diners. Now, a few years later, this Taizhou, Zhejiang restaurant has several Beijing branches, and offers a second-to-none choice for high-end dining. It keeps a low profile, and emphasizes excellence of ingredients and service. New Wing Kee has made East China Sea seafood its signature delicacy, and Taizhou a place of pilgrimage for gourmets.

In modern Beijing's early years, the city's Western and Japanese cuisine offerings were nothing to brag about. "Western" was mainly Russian, and the Japanese cuisine then extant tended to feature self-service. Only in recent years has top-flight Japanese, French, Italian, and Scandinavian cuisine appeared in Beijing. With increased availability has come improved variety: Italian cuisine now differentiates itself into Neapolitan, Sardinian, and Sicilian flavors. And the Black Pearl Restaurant Guide's Japanese restaurant listings—including Sushi Zen, Tempura Xuewei, and Bao House—showcase the exquisiteness and variety of Japanese food from a variety of angles.

The taste of Beijing cannot be summed up in a single sentence. Center of Chinese culture, the city is overflowing with creativity and possibility. While Beijing has always embodied its people's generosity and etiquette; today, it also stands for their enterprising spirit, openness and inclusivity.

DaDong (Workers' Stadium) 

Innovative

Named after its founder, Master Chef Dong Zhenxiang, DaDong, is a renowned name in modern Chinese cuisine. DaDong's Yijing (creative concept) Cuisine pioneers an artistic presentation of modern Chinese cuisine. Adhering to operating principles encompassing "culture, value and style" the cuisine emphasizes "healthiness, flavor and uniqueness", for a creatively interpretation of the essence of Chinese food. Western culinary techniques and molecular gastronomy are integrated into a new, distinctive style. DaDong is committed to presenting the charming aesthetic of classic Chinese literature through its dishes, adapting free brush strokes of Chinese painting and bonsai's principles of composition to this end. The chain's branches mirror varied Chinese dynasties architectural styles; this one, near the Workers' Stadium, is reminiscent of the Yuan Dynasty. While themed upon that era's archetypal painting "Dwelling in the Fuchun Mountains", DaDong's tradition of elegant spatial design imparts a sense of outdoor space with aesthetics of a harmonious Suzhou garden.

Recommended Dishes

DaDong "SuBuNi" Roast Duck
Chef Dong's Braised Sea Cucumber with Quinoa
Stewed Fish Maw in Saffron Sauce
Slow-cooked Lobster in Saffron Sauce with Rice

010-65511806

Workers' Stadium E. Road, Chaoyang District, Beijing (on north side of east gate of Workers' Stadium)

11:30—21:30

500 RMB/person

Spotlight

It was at DaDong that "low-fat roast duck" was invented. It is a bold innovation that converts roast duck into a fragrant, crispy, and non-greasy form, with melt-in-the-mouth skin, through judiciously applied science. For a while, this and another house specialty, Braised Sea Cucumber with Scallions, based on Chef Wang Yijun's personal recipe, was enough to cement DaDong's reputation in Beijing. And while continuing Chinese cuisine's cultural traditions, DaDong's forte remains its addition of new twists. Take Sautéed Duck Hearts, beloved by diners from across the globe. DaDong adds in the dish mild rum rather than baijiu, the customary Chinese spirit. Instead of obscuring duck heart's original flavor, rum spices up its aroma. About a decade ago, DaDong's first Yijing cuisine menu, created a stir across the upscale dining business with the creativity of its dishes and presentation. Western-style place settings were adopted to endow modern Chinese cuisine with hitherto unknown nobility and elegance, quickly attracting the attention of foreign dignitaries and celebrities alike. So, for a decade, DaDong has remained a pioneer of modern Chinese cuisine, and an ambassador to the international community.

Amico BJ

Italian

Amico BJ's Founder Chef Guo Qiang feels that his high-end western restaurant, which integrates Italian and Japanese cuisine, is a great place to share understanding and exploration of food with fellow gourmands. Indeed, even the restaurant's name, Amico—"friend" in Italian—reflects his friendliness, and emphasis on a cozy, relaxing dining atmosphere. With 36 seats, this venue offers two differently priced set menus on a reservation-only basis, for the ultimate freshness of daily ingredients. Chef Guo has wandered all over Italy, seeking out and studying varied cuisines of the nation. While respecting tradition, he creatively integrates Japanese elements with Italian cuisine, presenting interesting matches, such as Japanese Sashimi with Italian Salad Dressing and Sweet Shrimp with Black Vinegar.

Recommended Dishes

Ama Ebi Avocado Roll
Hotategai Scallop
Squid Ink Spaghetti
Koji Fermented Beef
(For dishes above, please book by phone two days in advance; two seats minimum)

010-85306951/18513218832

Room 102-103, 3/F, Ritan Highlife, No.39 Shenlu Street, Chaoyang District, Beijing

18:00—22:30(Closed on Mondays)

750 RMB/person

Spotlight

Passing through the austere entrance of Amico BJ, one is confronted by wall adorned with the venue's abstract logo. A scene inspired by a Japanese garden to the left hints at the restaurant's philosophy of integrating Italian and Japanese influences. Inside, fifteen softly lit square wooden boxes filled with variform pasta embellish one wall, and an open countertop is decorated with rows of colorful salt cellars—Chef Guo's personal collection, amassed over years from all over the world.

Counting Chef Guo himself, Amico BJ now has seven chefs, all committed to delivering wonderful dining experiences based on "guest-oriented" principles. At times this calls for controlling diner numbers—and sacrificing profit.

Perhaps every chef was born to be an artist; many, like Chef Guo, have far more passion for matching ingredients and arranging dishes than for brand promotion and fundraising. Thus dishes at Amico BJ manifest chefs' rich experience in Italian cuisine and fantastic creativity: transparent tomato juice extracted by braising Israeli tomatoes for days, or a sauce invisibly harboring seafood... These chefs love to create masterpieces that guests marvel at.

AZUR by Mauro Colagreco 

French Contemporary

Nestled in the Shangri-la Hotel and helmed by celebrity Chef Mauro Colagreco, AZUR mainly offers classic and creative delicacies of the French Riviera. In French, AZUR means "blue", a sky blue that has a calming effect; the restaurant's Chinese name is "ju", which means gathering, inspired by Mauro's catering concepts. In his view, a meal is an occasion on which we gather to share life, happiness and delicacies. Inside AZUR features fantastically eye-catching blue tones, with waterfalls of white crystal ornaments cascading from the high ceiling like the Milky Way. Exquisite tableware and pleasant service enrich the dining experience. With his artistic mind, Italo-argentini Mauro is adept at presenting the ultimate southern French delicacies. He can transform seafood, wild flowers and herbs into delicate dishes like magic, presenting a wonderful and refreshing feast for diners' eyes and palates.

Recommended Dishes

The Forest: Quinoa Risotto with Mushrooms, Potato and Parsley Foam

Turbot Fish with Sautéed Sorrel and Smoked Clam Jus

Roasted Lamb Rack with Vegetables Cocotte and Lamb Jus

Beetroot with Caviar

010-88826727/010-68412211 ext.6727

1/F Valley Wing, Shangri-La Hotel Beijing, No.29 Zizhuyuan Road, Haidian District, Beijing

11:30—14:00, 17:30—22:00

900 RMB/person

Spotlight

Like his family, Mauro is passionate about gourmet food. After roaming around many cities and working with many celebrity chefs, he founded his own restaurant named "Mirazur" in 2006, and has received widespread praise. With his artistic and creative mind, Mauro brings diners authentic French Riviera delicacies tinged with creativity and romance. The dining experience starts with "sharing bread", an original recipe from his grandmother, which has a firm texture and tempting wheat fragrance. It is accompanied by its perfect butter, along with shredded orange and condiments, bringing guests a pleasant freshness; When his bread is served to the table, Mauro also likes to recite the much-loved poem Ode to Bread by Pablo Neruda. If gourmet food can please not only our palates but also our other senses, can a touching poem arouse our taste buds before a meal? Another of Mauro's specialties, The Forest: Quinoa Risotto with Mushrooms, Potato and Parsley Foam, sounds like a beautiful poem. Featuring colorful mushrooms, quinoa, potatoes and other seasonal ingredients, the dish transports diners to a forest where they can feel the freshness of nature in the trees, moss and rocks. More interestingly, he also integrates certain Beijing elements into the dish, such as a kind of mushroom he found in a vegetable market in the city. With great culinary freedom, Mauro embraces land and sea, herbs and flowers, bitter and acid tastes, in order to create dishes without borders.

LES MORILLES

French Contemporary

Tucked away, partly hidden by trees on the ground floor of Liangma River's majestic Sunflower Tower, LES MORILLES has quietly been in business for over a year. Led up by millennial Head Chef Cai Jiahao—a graduate of a French culinary institute—and long-time Partner-Manager Ms. Shen Yi, this restaurant, which offers an ever-changing menu reflecting the Asian calendar's 24 solar terms, serves only 28 guests each evening. Here diners can find Australian M9(super marbled) Wagyu Beef, Canadian scallops, and Brittany blue lobsters. All highly favored by Chinese palates—alongside classic French signature dishes, including Crab Roe Sauce and Crab Meat Risotto, and French Fried Duck Breast. LES MORILLES' perfectly blended Asian spices and ingredients and have been making a unique impression upon Beijing epicureans. Freshly made French desserts from the in-house bakery are no less memorable, while the simple yet exquisitely well thought-out wine menu provides, besides several niche "boutique" offerings, wines to accompany any dish or dessert.

Recommended Dishes

Australian M9 wagyu/glazed onion/Black truffle jus
Morel/Seasonal asparagus/Sweet pea puree
Foie gras mousse/Raspberry gel/Dried strawberry crumble/Aged balsamic vinegar
Green pistachio cherry tart/Pistachio ice-cream

010-65063110/18710201088

No.180C, Sunflower Tower, No.37, Maizidian West Street, Chaoyang District, Beijing

11:30—22:00

489 RMB/person

Spotlight

Having lived in Switzerland and France, studied in two top-notch culinary academies, Chef Cai Jiahao's youthful appearance belies his experience. Since his 2017 return to Beijing, under his leadership the LES MORILLES team has played to the strengths of modern French cuisine while continually creating new dishes, consistently offering excellent traditional French dishes with Chinese characteristics from a menu that is regularly updated. The dishes match the Asian calendar's 24 solar terms and keep up with global trends. The restaurant's seasonal ingredients—white and green asparagus in spring, dill flower and juicy peach in summer, hairy crabs from Zhejiang and Jiangsu, and Japanese sea urchin in autumn, and Chinese chestnut in winter—are globally sourced. As for dishes,Home-made Crab Roe Sauce, Scallion Oil and Saffron Risotto Milanese, incorporating spring onion oil, and Duck Confit with Chinese spices are standouts. These are best followed with freshly-made desserts from the in-house bakery, which, in line with the latest dining trends, are served with premium Chinese kung fu tea, balancing their sweetness to render them better suited to the Oriental palate.

Head Chef Cai Jiahao believes that "Great French restaurants create new offerings by combining strong techniques with new elements, and always ensure that guests enjoy their meals, whichever dishes they might choose". But besides new ingredients and forms, the reinvention of French cuisine demands that diners truly grasp its essence. And to this noble aim, youthful Chef Cai remains equally committed.

Opera BOMBANA

Italian

Helmed by Chef Umberto Bombana, Opera BOMBANA made debut in Beijing in 2013, following in the footsteps of 8½ Otto e Mezzo BOMBANA in Shanghai, Hong Kong, and Macao. Since opening in 2010, Hong Kong's spot has been consistently acknowledged among the best-recognition which has contributed to Opera BOMBANA's overwhelming popularity among Beijingers. Chef Bombana devotes to drawing upon quality local ingredients to enrich the essence of dishes. And inside the open bakery, Italian master baker Giuliano Pediconi and his colleagues insist on using the best Italian flour and natural yeast in their bread making. As a result, after a perfect dinner, taking home a loaf promises diners a perfect choice for next morning's breakfast.

Recommended Dishes

Traditional Opera Cake with Coffee Gelato

David Blackmore Australian Short Rib Beef Tenderloin

New Zealand Scampi Carpaccio

Normandy Blue Lobster Durum Wheat Spaghetti

 **010-56907177**

LG2-21 Parkview Green FangCaoDi, No.9 Dongdaqiao Road, Chaoyang District, Beijing

12:00—14:30, 18:00—22:30

1100 RMB/person

Spotlight

Umberto Bombana, a highly-reputed celebrity chef, was born in Bergamo, Lombardy, northern Italy. Displaying great zeal for cooking since childhood, he was admitted to cooking academy at 15, and two years later, was apprenticed of master chef Ezio Santin of Antica Osteria del Ponte. During his five years with Ezio Santin, Bombana learnt to respect and care for ingredients. He also realized that "for an exquisite dish only quality ingredients matters. Not amazing culinary skill or cutting-edge equipment. Good ingredients are the foundation for everything." For Bombana, natural things are the most beautiful, "ingredients are God; my act of devotion is to seek and present their finest flavors." When Ritz-Carlton made its Hong Kong debut, Bombana was appointed Executive Chef at the hotel's Toscana Italian Restaurant, and began hosting the International Alba White Truffle Fair. Once, the winner of the Asian region auction invited him to prepare an exquisite dinner for guests, using a huge, near-priceless white truffle. Hailed "Best Italian Chef in Asia" by the Italian Culinary Institute for Foreigners in 2002, and "International White Truffle Ambassador" by the Piedmontese Regional Enoteca Cavour in 2006, Bombana never fails to give his traditional Italian Cuisine a creative injection of modern ingredients.

Sushi Zen (Qianliang Hutong) 

Japanese

Opened in Qianliang Hutong in 2011 when there were very few Japanese sushi restaurants in Beijing, Sushi Zen took the Japanese pronunciation of its Founder Chef, E Ran, as its moniker. Despite this restaurant's small size with only an 8-seat bar, it seems that all Beijing's gourmets have at least heard of it, even if a few may not have experienced it. Offering only dinner in two sittings (18:00—20:00 and 20:15—22:30) by reservation-only, from a set menu based on ingredients available on each day; over the past eight years Sushi Zen's prices have risen from 198 yuan—not cheap even back then—to 298 yuan, 498 yuan, and finally the present 1500 yuan per person, making it one of the most expensive Japanese restaurants in Beijing. But for that price diners can enjoy the freshest and best ingredients that Beijing has to offer, some of which far more costly than you might think.

Recommended Dishes

Young Sea Bream Sushi
Sea Urchin
Mantis Shrimp Sushi
Tamagoyaki (Rolled Omelette) with Caramel Sauce
(For reference only: the menu is based on availability of seasonal ingredients.)

 **010-64037680**

No.16-2, 50 meters south to the east entrance of Qianliang Hutong, Dongcheng District, Beijing

18:00—22:30 (Closed on Mondays)

1500 RMB/person

Spotlight

It was Founder Chef E Ran who chose to dub his restaurant Sushi Zen—based on the Japanese pronunciation of his given name. Exposed only to Modern Chinese cuisine during his education, E started in a hotel restaurant at 17, where his horizons were broadened, encouraging him to head off to Japan to continue his studies in 2002, when he was admitted to Tokyo's best-known culinary academy. In addition to internships arranged by the school, he worked in sushi restaurants to fund tuition several times higher than most Japanese universities', meanwhile retaining an intense curiosity for the fashion, art, toys, around him. Years later, he recalls how, returning to China, he had only a case of kitchen knives and a boxful of books, and how his interests have shaped his lifestyle and cuisine. Inspired by Japanese taste aesthetics, E decided to focus his resources on ingredients and utensils—the most fundamental things a restaurant provides its guests. So in Sushi Zen, only top-notch ingredients-despite prices 10 times higher due to Beijing supply channels—are offered to diners. E's standards are extremely strict—chefs start preparations at 12 noon for the 6 o'clock opening, to ensure the sushi rice is just right. And all the tableware is made by Japanese artists, with even small bowls costing up to 3000 yuan. But when E is working he says, "I feel great"—and that's a creative joy that Sushi Zen's diners experience with every piece of sushi they savor there.

Xin Rong Ji (Financial Street)

Jiang-Zhe

Sited in the InterContinental on Beijing's Financial Street, Xin Rong Ji is highly sought-after by diners from surrounding financial districts. An upscale dining brand with origins in Linhai, Taizhou City, Zhejiang Province, this top-rated Jiang-Zhe restaurant receives diners' well-deserved praise as the "seafood expert of the East China Sea". When selecting ingredients, every detail counts, with place of origin and freshness most critical of all. So instead of quick-freeze seafood, it uses only fresh seafood, delivered daily. Even less glamorous ingredients are drawn from their strongholds: taro from Guangxi, lotus root from Hangzhou, and Linhai Baishuiyang tofu, made only with local soybeans and mountain water. The restaurant also emphasizes cooking methods, highlighting East Zhejiang's simple home cooking style to give ingredients' flavors full play. Thanks to "putting natural flavors ahead of perfection", it has been hailed as the Hermès of Chinese restaurants by netizens, and retains immense popularity.

Recommended Dishes

Recommended Dishes
Sauted Mantis Shrimp
Stewed Sweet Potato with Honey Sauce
Braised Sea Anemone with Sweet Potato Noodle

 **010-66180567**

1/B, InterContinental Hotel, No.11, Financial Street, Xicheng District, Beijing

11:00—14:00, 17:30—21:30

1000 RMB/person

Spotlight

Taizhou cuisine is not widespread even in Jiangsu and Zhejiang, let alone Northern China. In part this reflects the location of Taizhou: adjacent to the East China Sea, Ningbo and Shaoxing in the north, Wenzhou to the south, and Jinhua and Lishui in the west. In short, hemmed in by geographical borders, Yet Taizhou's geography yields the abundant natural resources, including fresh marine products and mountain delicacies, which form the basis of a rich cuisine with distinctive flavors, ranging from rare, costly high-grade seafood to traditional street snacks.

Xin Rong Ji's founder, Zhang Yong was born in Linhai, Taizhou, and has thus been familiar with the East China Sea's seafood since childhood. In 1995, Zhang started Xin Rong Ji Diner, a little food stall providing live aquatic products, bucking that era's trend towards frozen seafood. From there, Xin Rong Ji's gourmet journey and gradually expansion continued. Offering East China Sea seafood and Taizhou home-style dishes along with Cantonese cuisine and dim sum, it rapidly emerged as a leading modern Chinese restaurant, where, instead of pursuing so-called modern food presentation and flashy culinary techniques, Zhang adheres to a simple philosophy of delivering delicious food, regardless of cost. Xin Rong Ji aims to deliver the ultimate in eating experiences, and its efforts to this end—setting up a vegetable-farm in Taizhou, using Taizhou tofu, and sourcing only the best seafood from the East China Sea and other ingredients from east Zhejiang—are testament to a dogged insistence on quality rarely seen in the restaurant trade.

Mio  

Italian

Situated on the third floor of Beijing's Four Seasons Hotel, Mio is known for creative modern Italian food. Mio means "mine" in Italian, and this restaurant's goal is to make guests feel at home. Inside, gorgeous flickering crystal lamps, exotic silver-filigree screens and burgundy tones create a relaxed, elegant setting. Cozy atmosphere combines with exquisite cuisine, and unparalleled service, bringing a great dining experience. Mio specializes in Mediterranean food, so the traditional pizza oven built into the open kitchen will be no surprise. The pizza flour comes direct from Naples, home of pizza, as does Chief Chef Aniello Turco.He learned cooking in his parents' restaurant from age 13, before serving in world-famous restaurants in Copenhagen, London, and Italy. Turco maintains that "naturally fermented foods will become the trend-setter in modern cuisine", and clearly integrates that belief into his many offerings.

Recommended Dishes

Red Prawn Carabineros
Seared Blue Fin Tuna Carpaccio
Brown Sugar Tart
Homemade Spaghetti

010-56958522

3/F, Four Seasons Hotel Beijing, 48 Liangmaqiao Road, Chaoyang District, Beijing

11:30—14:00, 17:30—22:00

600 RMB/person

Seventh Son Restaurant

Cantonese

Founded in Hong Kong in 2013, upscale Cantonese Seventh Son is directed by Chui Pui-kwan, the "Seventh Brother" of Fook Lam Moon. Seventh Son inherits its venerable ancestor's style, and is widely recognized among the top Cantonese restaurants, winning wide acclaim in Beijing, Shanghai, and Shenzhen since opening. Seventh Son's branch at the World Summit Wing, Beijing, boasts the exact same first-rate dried ingredients as the chain's Hong Kong restaurants—Japanese Abalone, Codfish Maw, and more—all cooked to perfection. Traditional Cantonese dishes, some tricky to find in other restaurants—Deep-fried Custard, Fried Cuttlefish Ball, Baked Stuffed Crab Shell, Braised Shrimp Roe with Mandarin Peels—are available here, alongside more standard—but still standout-gourmet "home-cooking" including Steamed Thai Jasmine Rice in Lotus Leaves, Crab, Scallop, Steamed Beef Patty, and Meat-filled Fragrant Orange Peel. Signature Barbecued Whole Suckling Pig is a must-try at Chinese holidays. Even the basic dishes here, like Fried Rice Noodles with Beef and Cabbage, are extraordinary.

Recommended Dishes

Barbequed Whole Suckling Pig
Baked Stuffed Crab Shell
Sauteed Lobster in Superior Stock
Sweetened double-boiled bird's nest in whole fresh coconut

010-85716888

4/F, World Summit Wing, No.1 Jianguomenwai Avenue, Chaoyang District, Beijing

11:30—14:00, 17:30—21:45

900 RMB/person

1949-Duck de Chine(Jin Bao Street)

Cantonese

1949-Duck de Chineis an innovative, modern Peking duck restaurant. Though located in a siheyuan Beijing Financial Street near the Forbidden City, the space is shielded from urban noise. The interior features Chinese architectural elements and exquisite artistic pieces, and several private rooms with floor-to-ceiling windows that are suitable for business dinners. Unsurprisingly, Peking duck is the all-star here with the improved recipe of adding honey, high temperature, and de-oiling. The special house sauce concocted from seafood sauce and healthy herbs. Dinners can choose peanut sauce, sesame sauce or mashed garlic for their preferences, along with the freshly-made hollow baked wheat and flaky pancakes. Twisting traditions with innovations, this food is roasted to a crispy, tender turn, and seasoned to savory, yet not greasy perfection, resulting in this restaurant's long-lasting popularity since its opening years ago. Plus seasonal dishes, Sichuanese and Cantonese-style classics are also offer here, pampering taste buds with quality flavors made from meticulously sourced ingredients and fine culinary skills.

Recommended Dishes

Duck de Chine Beijing Roast Duck
sautéed scallops asparagus
sautéed brittle cucumber & stuffed wild morel w/ shrimp paste
braised beef rib w/ brown sauce

010-65212221

1949 Club, No.98, Jinbao Street, Dongcheng District, Beijing

11:00—14:30, 17:00—22:30

500 RMB/person

Agua Spanish Restaurant

Spanish

Ever since moving into Nali Patio a decade ago, Agua has been acknowledged as Beijing's ultimate Spanish restaurant. Terrace outside exotic Moorish-inspired glass doors provides a panoramic view of the whole of Nali Patio. Offering modern Mediterranean-style Spanish cuisine, Agua is devoted to bringing guests the essence of authentic Spanish food. On its menu, Tapas–Spanish food culture's best known ambassador—is a must-order snack that goes perfectly with a leisure-time glass of wine. Crispy Suckling Pig and Paella are among guests' favorites. The former is sliced, fragrant and sizzling, at the table for an eye-catching serving spectacle. The latter, with its thick broth and fresh resilient rice, offers a no less fantastic culinary experience. What finer way to pass a summer's evening than to take one's place on Agua's terrace, and order a glass of sparkling Cava which immersed in the cool and refreshing breeze.

Recommended Dishes

Agua Lobster Rice

Traditional Spanish Crispy Suckling Pig with Apricot Puree

Marinated Crab Salad with Avocado and Green Apple

Goat Cheese Ice Cream, Vanilla Tomato Jam and Black Olive Brownie

010-52086188

4/F, Nali Patio, 81 Sanlitun N. Street, Chaoyang District, Beijing

12:00—14:30, 18:00—22:30

400 RMB/person

Morton's The Steakhouse

Steakhouse

Morton's The Steakhouse, hidden in the second floor of Regent Beijing, is well known among Beijing's wet-aged steak restaurants for its reliable, relaxing eating experience. With branches in 83 cities worldwide, most using same American Prime beef, Morton's guests can savor same flavors wherever they may roam. And since 2012, the ongoing popularity of the new spot in Beijing with regulars is testament to its dependable nature. Import restrictions had been forcing the Beijing branch to use Australian wet-aged beef. For all this, sealed in vacuum-sealed bag and stored at around 0 °C in thermostatically-controlled freezers for four to six weeks, the wet-aged beef too assumes the same soft, moist tender texture to which Morton's regulars are accustomed. But recently import policies have changed, and American Prime beef is now available in Beijing. great news for Beijingers. (Please check with Morton's for details.)

Recommended Dishes

Signature Cut New York Strip
Morton's Legendary Hot Chocolate
Porterhouse Steak
Jumbo Lump Crab Cake

010-65237777

2/F, Regent Hotel, No.99 Jinbao Street, Dongcheng District, Beijing

Monday—Saturday 17:30—22:30
Sunday 11:30—15:00, 17:30—22:00

800 RMB/person

Spotlight

The first Morton's The Steakhouse opened its door in Chicago on December 21, 1978, stemming from "a million dollar hamburger". It was co-founded by Arnie and Klaus, who worked together at Playboy Club in Montreal, Canada. The story goes that while the club was changing its menu, Klaus prepared a hamburger for Arnie to try, which turned out to be the best Arnie had ever tasted. So together, the pair opened Morton's in Chicago—from there taking the restaurant global over the next 40 years. This brand's success has nothing to do with luck: it rests on uniform standards. Wherever a branch might be located, these standards allow Morton's to dependably bring diners the exact flavor experience they seek. The restaurants' wet-aged steaks are grilled in custom-made Broilers. When the upper parts reach 800 °F temperatures, the broiler can instantly lock in meat juices to produce steaks that are crispy outside, tender inside. The 450g rib eye steaks are visibly marbled; to these, 650g bone-in rib eyes add the tender meat around the bones-extra encouragement for diners to gorge themselves. Morton's also offers quality seafood, a fantastic partner for excellent wines on offer. With varieties from world-reputed US wine regions ranging from Napa Valley to Central Otago (famous for Pinot Noir), they are well worth trying. No wonder that Morton's has now been included on Wine Spectator's list for four years running. And do not miss Jumbo Lump Crab Cake if you should enjoy feasting on crab meat, hassle-free.

Tavola Italian Dining

Italian

TAVOLA is nestled in a tranquil corner of Beijing's embassy quarter. Even its name—"table" in Italian—epitomizes this restaurant's simple but cordial dining philosophy. After two decades in Europe, its Chinese founder yearned to bring compatriots together around warm, relaxing Italian food. Thus, the TAVOLA's unmissable grand oval table—where gourmets have gathered to share traditional, authentic Italian dishes since 2008—is the result. With ingredients and seasoning imported from Italy, the restaurant is on hand to provide traditional cooking skills. Chief Chef Massimo Turano, veteran of world famous restaurants from Astana and European cities including Milan, London, Paris, Prague, and Saint Petersburg, has never ceased learning about food culture and culinary techniques. Diners' indisputable favorite at TAVOLA is the indisputably authentic Homemade Pizza.

Recommended Dishes

Grilled Australian Flank Steak with Rocket and Parmesan

Seafood Soup with Garlic Bruschetta

Buffalo Cheese, Porcini Mushroom, Black Truffle, Parma Ham and Honey

Foie Gras Trio

010-85325068

2/F, The Grand Summit, Section B, Liangmaqiao Diplomatic Mansion, No.19, Dongfang East Road, Chaoyang District, Beijing

11:30—14:30, 17:30—22:00

550 RMB/person

BAO House Japanese Restaurant

Japanese

Headed by Celebrity Chef Zhang Bao, BAO House Japanese Restaurant has gotten a name for the top-notch ingredients and delicate dishes among Beijing's upscale Japanese restaurants since its opening. The restaurant only accepts reservations for its omakase menu, which is created with the freshest ingredients and tailored to diners' palates. Interestingly, no one knows what is on the menu until they arrive. The dining experience here kicks off a constant source of highlights from seafood appetizers, sashimi and sushi made from seasonal catches sourced from top-notch places of origin, as well as sushi, agemono, and soup. Better still, bar seats will allow diners to watch chefs producing these delicacy spiced with freshly-made wasabi, Himalaya salt, and tsukemono pickles, while listening to chef's explanation about each dish. Chef's modern technique take on Japanese classics here, plus the impressive wine list, concluding the dining experience with a satisfying and comfortable experience.

Recommended Dishes

Crisp-scaled French cod

Braised eel with crisp skin and boiled with Arima pepper

Roast and cattle with homemade sauce

Pine-leafed Crab Legs Three-thirds cooked and eaten raw

010-59724070

3/F, Topwin Center, Sanlitun South Road, Chaoyang District, Shangyang

Tuesday—Sunday 18:00—22:30
(Ordering at 13:30, closed on Monday)

798 RMB/person

The Beijing Kitchen

Cantonese

Established by Hong Kong celebrity chef Ku Chi Fai, the Cantonese-inspired Beijing Kitchen has opened for two years in SKP mall in Beijing. With square and round tables, spacious and comfortable banquettes, as well as open kitchen, the entire place combines traditional steadiness with modern chic to create a relaxed ambiance. There are over 100 dishes available, including diverse seasonal innovations. Notably, dim sum here are indeed value-for-money choices. Upholding quality, Chef Ku comes to the kitchen every day: the soup of the day must be hot and distinctive enough in flavor; the steamed fish must be cooked to a tender and smooth perfection with the meat to be slightly separated from its bones; and the egg tart is crispy outside and tender inside, not inferior than which sold in Macao specialty stores. All of these makes this restaurant a red-hot favorite of Cantonese cuisine lovers. Always been diner-focused, the Beijing Kitchen renders its flavors quite unique with the human touch.

Recommended Dishes

Steamed Alaska Crab with "ShaoXing" Wine
Pan-fried Shark's Fin with Fresh Crab Meat
Crab Meat & Lobster Soup Stuffed Dumpling
Chilled Mango Sago Cream with Pomelo

010-65307905/010-65307995

D6007, F6, SKP Beijing, No.87, Jianguo Road, Chaoyang District, Beijing

11:00—14:30, 17:00—21:30

336 RMB/person

Spotlight

The Beijing Kitchen is the first joint founded by Chef Ku Chi Fai who has worked in many kitchens including Hong Kong's Lei Garden and Beijing's Restaurant Yu for forty years. Over time, this kitchen veteran has carved out a reputation for himself, and loyal customers are very common even among the upper class in Beijing—what he does represents stable business for shareholders, reliable quality for diners, and a settled life for his family members.

Wearing a white chef coat, Chef Ku works like clockwork in the kitchen every day. For over thirty years, he has shown little change in physique, standing up straight with a cordial look. Bearing the stamp of his personal touch, the Beijing Kitchen is dedicated to offering authentic Cantonese flavors with HongKong style by virtue of ordinary ingredients, expert culinary skills and sophisticated cooking, with siu mei, claypot rice, and rice with side dishes as its forte.

While celebrating traditions, Chef Ku also throws in a modern, eclectic take on diverse cuisines, resulting in the restaurant's popularity among young diners. That translates into dishes like the Steamed Fish that blends a Jiangzhe-style taste with Cantonese-style tenderness by employing the Huaiyang method which replaces black bean sauce with high-grade Shaoxing wine; the Fish with Pickled Vegetables that is stomach-warming with a thick, rich chicken soup base and eliminates the fishy smell with fresh white pepper. Even for the most popular Braised Silver Pout with Three Sauces, Chef Ku has made it milder at the suggestion of younger cooks. With a commitment to honesty, diligence, and healthier cooking, the diner-focused Beijing Kitchen continually changes its menu to maintain the popularity in the long term.

Jia Chinese Restaurant 

Cantonese

Chinese luxury hotel NUO Hotel Beijing blends art and culture in a harmonious design inspired by Ming Dynasty scholar culture. Within NUO, the restaurant name of "He Jia"—shortened to "Jia" in English—means "home of crops" in Chinese. Jia boasts a space designed by contemporary artist Tang Bohua, which draws inspiration from Ming Dynasty artist, calligrapher and epicurean Xu Wei's free-style flower-and-bird ink wash paintings. To these Tang adds details of food ingredients, acknowledging the restaurant setting while heightening its aesthetic appeal. Featuring spacious private rooms, the largest of which features a secluded open-air garden, the restaurant specializes in exquisite Cantonese cuisine, serving with seasonal delicacies from Huaiyang cuisine, carefully stewed soups, and meticulously made Cantonese dim sum and snacks. With 20 years of cooking experience, Executive Chef Ho Hau Yuen from Hong Kong, holds seafood and soups his greatest strengths. Remarkably, the restaurant sources some ingredients from NUO's own farm, keeping even more dependable quality and freshness.

Recommended Dishes

Poached Prawn with Superior Chicken Broth
Poached Sliced Geoduck in Lobster Soup
Braised Fish Maw in Rich Chicken Broth
Braised Beef Rib with Rich Brown Sauce

010-59268281

1/F, NUO Hotel Beijing, No.2A Jiangtai Road, Chaoyang District, Beijing

Monday—Friday 11:30—14:00, 17:30—22:00
Weekends and holidays 11:00—14:30, 17:30—22:00

450 RMB/person

Cai Yi Xuan

Cantonese

Cai Yi Xuan, tucked away in Four Seasons Hotel Beijing, offers a creative interpretation of traditional Cantonese cuisine, focusing on dishes including seafood, suckling pig, roast goose and soups. But, unlike most Chinese restaurants in five-star hotels, this classic base Cai Yi Xuan also adds Jiang-Zhe and Jing-Lu (Beijing & Shandong) dishes. Therefore, diners can find not only the enticing Red-braised Pork Belly with Abalone and Black Truffle Sauce, but also Beef Wrapped in Pancake and Cheese reminiscent of old Beijing. Chef Li Qiang has acquired his skill in Cantonese cuisine over a decade, through working and learning from Hong Kong Celebrity Chef Tan Jinqiang. He respects the ingredients, and maintains that "innovation build upon traditions that can never be abandoned". As a result, masterpieces blend tradition and creativity, feature quality ingredients, showcase simple but novel presentation and authentic flavors, all of which contribute wonderful meals for the guests.

Recommended Dishes

Marinated Sliced Foie Gras in Aged Rice Wine

Pan-fried Mantis Shrimp with Cream Wine Dressing and Red Pepper

Cantonese Barbecued Suckling Pig Skin with Steamed Buns

Oven-baked Whole Abalone Puff with Diced Chicken

 **010-56958520**

2/F, Four Seasons Hotel Beijing, 48 Liangmaqiao Road, Chaoyang District, Beijing

11:30—14:00, 17:30—22:00

600 RMB/person

Maison FLO 

French Contemporary

Maison FLO was opened in Beijing 19 years ago, as the first branch in Asia. It has been bringing French cuisine and culture to China ever since, as a venue for wine tasting, French culture nights and Miss Universe China banquet, in short, the go-to place for French lifestyle elegance in Beijing. In its new location, interior design echoes the Art Deco Terminus Nord Hotel in the 2030s, a stone's throw from Paris' Gare du Nord. Brass lamps, crystal chandeliers, stained glass and railway murals combine to create an atmosphere of reminiscence. Maison FLO devotes to converting high-quality ingredients into exquisite delicacies. French Baked Escargots are a must-order; indeed the vine leaf-fed Baked Burgundy Escargot in Basil Sauce is fragrant enough to tempt diners restaurant-wide. Foie gras dishes are another specialty. Their compatible flavor makes them perfect partners for almost anything, desserts included. In this restaurant where every option is so delicious, it is almost impossible to choose.

Recommended Dishes

Beef Steak Tortare
Baba
"Rougie" Foie Gras
Norwegion Cod

010-65955135

18 Xiaoyun Road, Chaoyang District, Beijing

11:00—22:30

700 RMB/person

Guanyejie Macao Hotpot (China World Mall)

Hot Pot

Located in the refurbished China World Mall, Guanyejie Macao Hotpot provides diners with a perfect view of the CCTV Tower and Chang'an Avenue. Its spacious dining hall, decorated with wood and stone, and warm, delicate tableware—including exquisite, gilded Jingdezhen porcelain bowls—conveys the very essence of culinary art. Since opening in Beijing a decade ago, Guanyejie has been known for its fresh ingredients, and its hallmark, savory milky-white broth—thick but not cloying—made by stewing fresh pork ribs for several hours with chicken feet, pork cartilage, carrots, and chestnuts. The restaurant's seafood tanks are also iconic, resembling a mini-aquarium that displays Canadian A-grade Geoduck Clam, Alaskan King Crabs, Australian Red Claw Crayfish, French Oysters, Striped Tiger Prawns, and Coral Trout. The imported A5-grade marbled beef offers a range of flavors depending on how it is prepared. Seasonal mushrooms with hand-made meatballs comes highly recommended. Open until 2 am., Guanyejie is also suited for late-night feasts particularly.

Recommended Dishes

Assorted Beef Platter

Macao Stewde Pork Spare Ribs & Chicken Feet Soup

Boston Lobster Soup Base

5A Beef

 **010-85950538**

NL 7001, 7/F, China World Mall, No.1 Jianguomenwai Avenue, Chaoyang District, Beijing

11:00—02:00

500 RMB/person

The Home (Beitucheng Road)

Innovative

Situated in a traditional Beijing-style siheyuan enclosing a sandy, tree-shaded courtyard near the Yuan Dadu City Wall Ruins Park. The Home has been remodeled to offer 10 different-sized private rooms, along with a small pavilion for relaxing, viewing flowers, listening to the cicadas—in short, enjoying leisure just as one used to have in the old Beijing. Founder Chef Yang Zhansheng was born into a family of cooks and has served as head chef in a five-star hotel, gaining a unique perspective in terms of exploring modern Chinese cuisine. Adopting the individualized dining system in the west, The Home offers customized menu, on which cold dishes, soup, main course and desserts comes in a set with the fixed order, for a sense of ritual evocative of familiar tastes. The Scallop and Crayfish here looks like Japanese sashimi. Simmered at low temperature, it retains amazing flavor. The Home's menu showcases seasonal ingredients, and change every 2—3 months. Regulars can enjoy specially prepared new dishes whenever they visit with advance notice.

Recommended Dishes

Franch Gillardeau Oyster

Braised South Arican Premium Dried Abalone

Mashed Purple Sweet Potato

Chef Specialty Spicy Lobster Served with Rice

010-62377681/13701143834

West side of Ruijie Filling Station, Beitucheng W. Road, Haidian District, Beijing (opposite of Mudanyuan Dongli Community)

11:30—14:00, 14:30—17:00, 17:30—21:30

1160 RMB/person

Huai Yang Fu 

Huaiyang

Established in 2005, Huai Yang Fu is one of the best-known restaurants in Beijing offering slap-up Huaiyang cuisine from Jiangsu Province. Extending over 2000 m^2, the restaurant resembles an old courtyard mansion typical of ancient towns in the Jiangnan area; its interior decor makes guests feel like they are walking in the corridor of a Suzhou garden through the bamboo-shaded pavilions. All the second floor private rooms are named after Suzhou gardens. Live Jiangnan sizhu-style music performances add to a unique ambiance. Guided by Chef Wang Changrong, a rare master of both Huaiyang and Shandong cuisine, the restaurant skillfully integrates Shandong culinary techniques with Huaiyang cuisine, blending its elegance with the nobility of the cuisine of Jiangnan mandarins, for a unique version of Huaiyang cuisine. Taking Lion's Head Meatballs as an example, this state banquet-standard dish includes a gently-stewed mix of fat and lean pork from black pigs, Lake Tai shrimp roe and shredded water chestnuts—a delightfully tender, melt-in-the-mouth combination.

Recommended Dishes

Braised Crab with Aged Hua Tiao Chiew
Braised Shredded Dried Tofu with Ham
Braised Fish Head in Casserole
Braised Shredded Eel with Brown Sauce

 **010-64265858/010-64265959**

No.198 Andingmenwai Street, Dongcheng District, Beijing (north side of the west gate of Ditan Park)

11:00—21:00

200 RMB/person

Lei Garden
(Central International Trade Center)

Cantonese

Lei Garden provides a dependable choice for any social event—whether a quiet morning tea or an important business dinner. The offerings of each of the 25 branches in Beijing, Shanghai, Hong Kong, Macao and other cities in Southeast Asia, offer the same guaranteed freshness and quality. In the Beijing branch, over half of the kitchen team comes from Hong Kong or Guangdong. Trained by founder Mr. Chan Shu Kit, they are also alert to his spot checks. Situated on the second floor of the office building Central International Trade Center, this branch is low-key, but offers a sizable space with 200 seats. Booking ahead is recommended. Service here feels traditional: manager and waiters can remember every regular's tastes, and offer arriving guests a pot of Oolong or Pu'er tea just as a neighbor or an old friend would. It is no wonder then that Lei Garden has been a leading Cantonese restaurant ever since its founding in 1973.

Recommended Dishes

Crispy Roasted Pork
Pan-fried King Prawn with Soy Sauce
Steamed Longevity Peach with Bird's Nest
Baked Coral Crab with Butter & Salt

010- 85670138

C2-C3, Tower C, Central International Trade Center, No.6 A Jianguomenwai Street, Chaoyang District, Beijing

11:30—15:00, 17:30—22:30

400 RMB/person

Spotlight

Founded in 1973 by Mr. Chan Shu Kit, the youngest son of Chen Jitang (Chen Chi-tang), a Qing General and Viceroy of Liangguang, Lei Garden has evolved into one of Asia's best-known Cantonese cuisine brands, with 25 branches including Singapore, Macao, Hong Kong, Shanghai and Beijing. Many of its regulars have been coming for over a decade. No matter which branch, classic dishes such as Crispy Roasted Baby Pigeon, and Baked Chicken with Sea Salt in Casserole offer the same mouthwatering flavors. Training ground for cohorts of excellent Cantonese chefs, Lei Garden has been dubbed the "Shaolin of Catering" and the "the celebrities'diner". A leading Cantonese restaurant, Lei Garden is committed to providing healthy, delicious dishes made to strict standards with the freshest ingredients. To say that modern Cantonese cuisine was redefined here would be no overstatement: both XO Sauce and Mango Pomelo Sago—now commonplace in modern Chinese cuisine—are Lei Garden's creations. For over 40 years, "the most popular upmarket Cantonese restaurant in the world", through Mr. Chan's exacting standards, has acquired a reputation for "zero mistakes" in the dishes it brings to table. With ingredients stocked every day for freshness, oil and heat are strictly controlled during cooking. Even for something as "simple" as fried vegetables, the amount of oil is varied and accurately controlled based on the type of vegetable. Addition of further oil during frying is strictly prohibited. To this day, octogenarian Mr. Chan maintains the same, decades-old workflow, regularly inspecting every branch and personally testing kitchen teams' skills, earning him the nickname "Headmaster Chan".

Sheng Yong Xing Roast Duck Restaurant (Sanlitun)

Beijing-Shandong

From Wudaokou to Sanlitun, Sheng Yong Xing adds an international element in Beijing. The young staff there hails traditions and cultural inheritance. The restaurant has gained popularity over the past two years with its less-salt and low-fat offerings, innovation, and unique style. Located at the crossing of Xindong Road and Dongzhimenwai Avenue, it is close to neither the Taikoo Li nor the embassy area. But in the two-storey building, the legacies from different times are shown in every detail, giving out the vibe of old Beijing and accommodating other styles. Featuring fruitwood ovens and cellar, food runners and sommeliers, gray bricks, jujube decorations and modern artwork, it attracts diners across the world. The restaurant is not a place of fusion, but of novelty. It has added modern features into traditional essence and prepared dining wines and attentive table services. The chefs follow traditional techniques while applying higher heat when roasting to reduce fat.

Recommended Dishes

Stewed Haliotis with Black Truffles
Grilled Large Prawns with Truffles
Golden Yellow Fish
Roasted Duck with Caviar

010-64640968

No.5-3, Xindong Road, Chaoyang District, Beijing (next to the Bank of Beijing)

11:00—21:30

460 RMB/person

Spotlight

Highlighting its environment and services, Sheng Yong Xing is one of the most worth-trying new restaurants. Guests can order cocktails before meal at the bar located at the left of the entrance. The door to the wine cellar is on the right, storing wines from both the new world and the old. Various wine selections across the globe in different ages and prices are provided by renowned sommelier Li Meiyu. Guests can also choose not only wine-by-the-glass, but also pairings with the food.

On the second floor, sunlight pours in during the day. The walls of gray bricks are just like those along local streets. Furnaces greet guests at the entrance of the second floor, with the fragrance of jujube wood around roasted ducks. Though not spacious, there are four dining areas, each with a unique atmosphere—the semi-private dining area, Chinese-style round tables, the loft area with natural light, and square tables for two at a long terrace overlooking the street. Presented by reputed designers, the dining space combines different lights, eastern and western styles, and are filled with tasteful music.

When seated, guests will be well served with high quality wine and food pairings, and well-balanced dishes including starters, entrees, and deserts. The signature roast ducks take more than half a month, with dishes made from duck organs available. The Shandong Cuisine chefs not only innovate traditional dishes—Golden Large Yellow Croaker, Braised Sea Cucumber with Scallions, and Grilled Crispy Large Prawns, but also combine cuisines from the East and the West—Crystal Prawns Baked with Black Truffles, Roasted Duck Skin with Caviar, and Garlic-flavored Beijing-style Sizzling Beef. No different than the dining room, the kitchen where the delicate dishes are made in is so spacious and clean, making the restaurant even more trustworthy.

Poetry.Wine 

Beijing-Shandong

Master Chef Duan Yu opened Poetry.Wine during his nineteenth year in Beijing, offering Beijingers of all ages a chance to sample some old favorites. Tailored for the new middle class, everything about the restaurant's up-to-date Beijing style conveys a sense of ritual, from how the space is decorated to service and presentation of dishes. Foie Gras with Hawthorn Berry, Roasted Duck with Jasmine, Italian Balsamic Vinegar Hairtail—served on modern Jingdezhen porcelain bearing decorative elements referring to the Northern and Southern Dynasties—all communicate this Beijing vanguard chef's understanding of ingredients, cooking, the city, and the history. The style of Poetry.Wine's cuisine is not fixed, freely adopting global ingredients and techniques. But no matter where you hail from, this restaurant's eclectic dishes will leave you feeling both familiar with and curious about Beijing.

Recommended Dishes

Durian in Hot Toffee
Roasted Duck With Jasmine
Braised Large Fish Head With Scallion
Italy Black Vinegar Hairtail

010-87774188 / 010-87774388

No.1, Building 6, No.31 Guangqumenwai Street, Chaoyang District, Beijing (opposite to Melody KTV, Shuangjing Bridge)

10:00—14:30, 16:30—22:30

200 RMB/person

Spotlight

It was Wine Preserved Crab that brought Chef Duan to acclaim in Beijing many years ago. Since then, this chef from northern China at the age of nearly forty has gradually translated his culinary theories into dishes, drawing on twenty years of experience. Considering Poetry.Wine his "daughter", he endeavors to display her low-key, elegant beauty from every possible angle. Less than a kilometer south of China World Trade Center, this eatery targets Beijing's nouveau rich: people who seek not only organic and healthy ingredients, but also privacy and a sense of ritual in their meals; people who come from over the world, but have made Beijing a second home; peopel who demand restaurants conforming to their modern aesthetics in which they share "novel authenticities" like Sugar Oil Pancake with friends. Poetry.Wine is the place where all those needs can be made.

Innovative dishes with ancient legacies are predominant here: Braised Large Fish Head With Scallion, Italian Black Vinegar Hairtail, Chinese Yam with Osmanthus Sauce, Firewood Liugou Tofu and Braised Claws with Sea Cucumber... all present new ingredients in a modified marriage of southern and northern Chinese tradition, integrating Western culinary influences. Poetry.Wine's familiar, yet difficult to track down flavors are sure to spark conversation, and bring diners closer.

Over nineteen years Chef Duan has studied tea culture, flower arrangement, and photography in pursuit of a cuisine philosophy broader than the kitchen, meanwhile recreating the unique flavors of Beijing. Working with numerous high-end food suppliers globally, he has garnered an excellent reputation. And Poetry.Wine, the offspring of such a meticulous "father", delivers everything that his reputation would lead diners to expect.

Wolfgang's Steakhouse 

Steakhouse

After over 40 years of working at famous New York steakhouse Peter Lugers, in 2004, Wolfgang Zwiener, together with his son, struck out to found this eponymous steak house of his own, which now extends to over 20 branches across America and Asia. Opened in 2017, Wolfgang Beijing features a retro American vibe: dark walnut flooring, mahogany tables, stone-effect lampshades, and chunky metal cutlery. Wolfgang's steaks are exclusively derived from 22—24 month-old Angus cattle, and dry-aged for at least 28 days. During this time, about 30% of their weight is lost to evaporation, and they are tenderized through protein denaturation, adding intensity to their flavor. With signature T-bone, porterhouse, sirloin and ribeye dry-aged steak on the menu, T-bone loin for two is the top tip for first-time guests. Cooked to perfection by grilling at near 1000 °C temperatures, the steak here arrives still-bubbling, crispy, tender, and juicy. Sides of asparagus and mushrooms offer an even more authentic American steakhouse experience.

Recommended Dishes

Sizzling Bacon—Extra Thick
U.S.D.A Prime Angus, Dry Aged (In Our Own Aging Room) Porter House
Crab Cake
Jombo Lobsters, Broiled or Steame

 **010-65924946**

F1, Pacific Century Place, No.2A Workers' Stadium North Road, Chaoyang District, Beijing

11:30—00:00

838 RMB/person

Wish 

Innovative

Located near the Northeast 4th Ring Road in Chaoyang Disqitrict, Wish has been well-known for serving innovative cuisine since the early days of modern Beijing. In an artistic space where nearly half of its 3000m² area are hidden in a foliage feature garden, guests feel as if they are dining in a botanical garden, when sunlight illuminating the entire dining area through copious glasses. While the menu displays a lineage stemming from traditional Chinese Imperial cuisine, it is combined with the elegance of western cuisine, which lends further inspiration to those Beijing flavors, for a gratifying drama played out on the taste buds. For example, Wish Signature Peking Roast Duck Served with Four Sauces is served with home-made hollow pancakes. Easily stuffed with duck meat and accompaniments, these pancakes absorb more and richer flavors without being greasy.

Recommended Dishes

Fusion Steamed Weever with Hot and Spicy

Pan-fried Sirloin Steak with Garlic and Black Pepper

Salmon and Mango on Crispy Bean Curd Served with Perilla

Wish Signature Peking Duck Served with Four Sauces

010-64381118

No.6 Fangyuan W. Road, Chaoyang District, Beijing (near the south gate of Lidu Park)

11:00—00:00

350 RMB/person

Country Kitchen 

Modern Chinese

When Country Kitchen opened, it created quite a stir. The accepted wisdom was that restaurants in five-star hotels served either western or high-end Cantonese cuisine. But Beijing's luxurious Rosewood hotel ignored this, opening instead the more rustic Country Kitchen, which offers "home-cooked" Chinese cuisine, presenting an array of Northern Chinese specialties, including Roast Mutton Leg, Hand-made Steamed Bun with Sweet Bean Paste, and Zhajiang Noodles. Beijing native head Chef Chai Xin is on inetimate terms with Cantonese, Sichuan, Hunan, Shandong and other Chinese cuisines, innovatively blending the essences of each in his presentation of traditional dishes. With familiar northern Chinese specialties and welcoming atmosphere, Country Kitchen quickly gained many diners' favor. Through painstaking research, it continues to offer many classic dishes which have narrowly escaped extinction due to complex preparation or exacting culinary demands, such as its signature Luzao Rou pork belly recipes, showcasing the professionalism of a restaurant truly worthy of a luxury hotel.

Recommended Dishes

Roast Duck

Clay Pot Braised Pork Belly, Sour Cabbage, Glass Noodle

Simmered King Prawn, Tomato Sauce

Spinach Leave, Sesame Sauce, Rice Vinegar

010-65360066

 3/F, Rosewood Beijing, Hujialou, Chaoyang District, Beijing

11:30—14:30, 17:30—22:30

350 RMB/person

InLove(Workers' Stadium)

Hunan

Hunan cuisine has long been fashionable, and InLove, a Hunan restaurant by the Wish Brand, is a force to be reckoned with in that arena. Distinguishing itself from run-of-the-mill Hunan restaurants, InLove' elegant, restrained vibes and warm lighting cater for a popular taste while maintaining a post-modern aesthetic edge. Targeting business diners, it offers service entirely comparable to upscale Cantonese restaurants, while innovating ambitiously upon the traditional flavors of the cuisines of the Xiang River region, Dongting Lake and western Hunan Province, leveraging their strengths to reshape the combined flavors of Hunan. With exacting standards for ingredients that raise its traditional Hunan dishes to out-of-the-ordinary levels of freshness and quality, and combine with western-style food presentation for stylish, delicate dishes that are more appealing to demanding gourmands.

Recommended Dishes

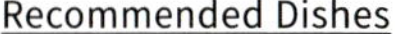

Steamed Thousand Island Lake Fish Head Topped with Two Peppers

Sauteed Crab with Minced Garlics and Chilis

Braised Superfine Soft-shelled Turtle with Chilis

Braised Pork with Pickles and Sweet Sauce

 **010-53520033**

No.58 Workers Stadium N.Road, Chaoyang District, Beijing

11:00—14:30, 17:00—22:00

450 RMB/person

Despite its tricky-to-find location on Sanlitun's Red Street in Beijing, upscale tempura restaurant Tempura Xuewei has taken the city by storm over the last two years. Thanks to several popular documentaries, many who have never visited Japan know the "God of Sushi" and the "God of Tempura". Tempura Xuewei's Chef Zhang Xuewei spent 12 years with "God of Tempura" Tetsuya Saotome, becoming one of his favored disciples. It was thus no surprise when, after returning to China, Zhang opened his own tempura restaurant—or that it is apparently almost identical to his Tokyo-based master's Mikawa Zezankyo in terms of interior design and layout. Chef Zhang's compact set menu-only two-storey restaurant, comprising a twelve-person bar and two ten-person private rooms, got off to a good start by virtue of his master's reputation, and continues to attract droves of stars and corporate celebrities with dishes comprising only ingredients fresh that day, for maximum quality and exquisite flavor.

Recommended Dishes

Broad Bean Tempura
Recommended Dishes
Eel Tempura
Shiso Leaf Sea Urchin Tempura

 **15321285714**

No.109, Building 3, Red Street, Workers Stadium E. Road, Chaoyang District, Beijing

11:30—13:00, 17:00—21:30

900 RMB/person

Spotlight

Tempura Xuewei—named for its founder's given name—offers a Japanese cuisine that remains relatively niche in China, although awareness of this exquisite cooking method is gradually growing thanks to the documentary The God of Tempura. Tempura actually cooks in two ways, simultaneously, the exterior deep frying in hot oil, while the interior steams in vapor released from the batter, which also forms a thin crispy shell that locks in both heat and the inner ingredients' moisture. Superior tempura is crispy in texture, with an aroma blending that of batter and the main ingredient—a lofty goal imposing exacting demands on both culinary process and materials. The batter must use the right flour, the variety and amount of oil must be correct, and the cooking time must be right down to mere seconds, if the most exquisite taste is the goal. Joel Chen, author of The Market is Where All the Stories Begin, sumsup tempura like this, "It's a one-shot cooking method: everything must be just right, at the right moment." It was this precision Japanese cuisine that Xuewei brought to Beijing filled a gap in the city's Japanese cuisine roster. And almost by coincidence, because when Zhang Xuewei was studying in Tokyo, it was his search for part-time work, rather than studies, that brought him into contact with Tetsuya Saotome, "God of Tempura", and set him on course toward his 12-year apprenticeship at Mikawa Zezankyo. Toward Tempura Xuewei, the product of a profound mentoring relationship that now nurtures this unique delicacy in Beijing, just as it long sustained it in Tokyo.

Char bar & grill Lido

Steakhouse

Behind the bronze, bull-shaped doorknobs of CHAR Bar's door, the chefs, Chinese and foreign, are being worked off their feet. Seating sixty in total, this restaurant provides an ideal venue for any kind of social event. Its twelve-seat VIP private room particularly suits anniversaries, and marriage proposals. CHAR's quality dishes use only 9+ grade traditionally-raised Japanese beef—fat-marbled, tender and subtly sweet. To set off the taste experience yielded by this premium beef, chefs have hand-picked six Swedish sea salts with different flavor, including French Rosemary flavor, Volcano and Smoke flavors, along with three mustards: Original, Truffle Oil and Grain Honey. With a choice among five kinds of custom-made steak knives from four countries on offer, diners here can also gain an appreciation of Asian, American and European steak knife culture without setting a foot outside Beijing.

Recommended Dishes

Char Cuterie Board
Whole Char-grilled Lobster
1.5kg Tomahawk
Signature Char Banana Cheese Cake

010-84436220

1/F, Crowne Plaza Beijing Lido, No.6 Jiangtai Road, Chaoyang District, Beijing

Monday—Saturday 17:00—22:00
Sunday 11:00—14:00, 17:00—22:00

1000 RMB/person

黑珍珠餐厅指南

THE BLACK PEARL RESTAURANT GUIDE

Other 26 Cities

Macao	14	Paris	8
Chengdu	15	Chongqing	6
Tokyo	25	Guangzhou	14
Hangzhou	15	Kunming	3
Bangkok	5	Nanjing	5
Ningbo	6	New York	10
Shantou	4	Shanghai	54
Shenzhen	7	Shunde	5
Suzhou	6	Taipei	4
Taizhou	3	Tianjing	3
Wuhan	4	Xi'an	6
Xiamen	3	Hongkong	21
Singapore	7	Yangzhou	3

Note: The city is listed in lexicographical order based on the initial letters of each transliterated Chinese character; the same city restaurant is listed by the restaurant's diamond level from high to low; and the same diamond level restaurant is listed in lexicographical order based on the initial letters of each transliterated Chinese character.

NAME	CITY	DIAMOND
Robuchon au Dôme	Macao	◆◆◆
La Chine	Macao	◆◆
The Golden Peacock	Macao	◆◆
Wing Lei Palace	Macao	◆◆
The Tasting Room	Macao	◆◆
Jade Dragon	Macao	◆◆
The 8	Macao	◆
The Kitchen	Macao	◆
Shinji by Kanesaka	Macao	◆
Golden Flower	Macao	◆
Tim's Kitchen	Macao	◆
Restaurant Tou Tou Koi	Macao	◆
HIP SENG Seafood and Hotpot Restaurant(Avenida de Almeida Ribeiro)	Macao	◆
Zi Yat Heen	Macao	◆
Le Cinq	Paris	◆◆◆
Epicure	Paris	◆◆
Guy Savoy	Paris	◆◆
JEAN-FRANÇOIS PIÈGE-le grand restaurant	Paris	◆◆
Pierre Gagnaire	Paris	◆◆
Kei	Paris	◆
Sola	Paris	◆
Tour d'Argent	Paris	◆
YUZHILAN	Chengdu	◆◆
8(GRAND HYATT Chengdu)	Chengdu	◆
Tivano	Chengdu	◆
Ootoku(Yuanyang Taiguli)	Chengdu	◆
HUADAO ART OF LIFE	Chengdu	◆
THE BRIDGE	Chengdu	◆
MA'S KITCHEN	Chengdu	◆
The river house	Chengdu	◆
Nanhui CREATIVE CUISINE RESTAURANT	Chengdu	◆
SONGYUNZE	Chengdu	◆

NAME	CITY	DIAMOND
XU'S CREATIVE DISH(Wangjiang Road)	Chengdu	◆
LEAF KITCHEN(Science City)	Chengdu	◆
YINTAN BAOYU HUOGUO(Xiwang Road)	Chengdu	◆
THE SEASONS(Gaoxin)	Chengdu	◆
ZI FEI	Chengdu	◆
Les champs libres	Chongqing	◆
CHINESE KITCHEN (Zonglvquan Park)	Chongqing	◆
QIAN YUE MING	Chongqing	◆
THE ONE	Chongqing	◆
YU TU Guide Hall (Zonglvquan Park)	Chongqing	◆
ZHOU SHI XIONG HOT POT(Jiefangbei)	Chongqing	◆
Joel Robuchon Restaurant	Tokyo	◆◆◆
NARISAWA	Tokyo	◆◆◆
Kyoaji	Tokyo	◆◆◆
Sushi Saito	Tokyo	◆◆◆
Florilege	Tokyo	◆◆
L'Effervescence	Tokyo	◆◆
Quintessence	Tokyo	◆◆
SUGALABO	Tokyo	◆◆
Kimura	Tokyo	◆◆
Sushisatake	Tokyo	◆◆
Kohou	Tokyo	◆◆
SEIZAN	Tokyo	◆◆
Ishikawa	Tokyo	◆◆
Chen Kenichi's China	Tokyo	◆◆
Ginya	Tokyo	◆◆
Akasaka Teppanyaki	Tokyo	◆
APICIUS	Tokyo	◆
Les Alchimistes	Tokyo	◆
Sushi Yoshitake	Tokyo	◆
Oniku Karyu	Tokyo	◆
Sushi Hashimomto	Tokyo	◆

NAME	CITY	DIAMOND
Ginzasushiaoki(Ginza)	Tokyo	◆
Seijuken	Tokyo	◆
Tentempura Uchitsu	Tokyo	◆
Motoyoshi	Tokyo	◆
Jade River	Guangzhou	◆◆◆
YUE JING XUAN	Guangzhou	◆◆
Howard's Gourmet	Guangzhou	◆◆
LAI HEEN	Guangzhou	◆◆
The Penthouse	Guangzhou	◆
Hongtu Hall	Guangzhou	◆
Bing Sheng Pin Wei(Haiyin Headquarter)	Guangzhou	◆
Deli Kitchen(Nancun Town)	Guangzhou	◆
GUANGZHOU RESTAURANT(Linjiang Avenue)	Guangzhou	◆
HAIYANLOU(Bingjiang East Headquarter)	Guangzhou	◆
Wisca(Binjiang)	Guangzhou	◆
Jiang by Chef Fei	Guangzhou	◆
Lei Garden(Yi'an Square)	Guangzhou	◆
Li Chateau	Guangzhou	◆
JIN SHA	Hangzhou	◆◆◆
La Villa Restaurant	Hangzhou	◆◆
GUIYU REATAURANT	Hangzhou	◆◆
Dining Room, Park Hyatt Hang Zhou	Hangzhou	◆◆
JIE XIANG LOU	Hangzhou	◆◆
HANGZHOU HOUSE(Amanfayun)	Hangzhou	◆◆
LongJing Manor	Hangzhou	◆◆
XinRongJi(Xixi Wetland)	Hangzhou	◆◆
Wujie(Vientiane City)	Hangzhou	◆
MADAM ZHU'S KTICHEN	Hangzhou	◆
28 HUBIN ROAD(GRAND HYATT Hangzhou)	Hangzhou	◆
Huyue by Kappo yu	Hangzhou	◆
MAN SHU OMASEKA	Hangzhou	◆
TIAN LUN LI RASTAURANT	Hangzhou	◆

NAME	CITY	DIAMOND
Ziwei Hall	Hangzhou	♦
CUI HOUSE	Kunming	♦
GREEN LAKE HEEN	Kunming	♦
SHANG TAO CHINESE RESTAURANT	Kunming	♦
Gaa	Bangkok	♦♦♦
Le Normandie	Bangkok	♦♦
Sühring	Bangkok	♦♦
Issaya Siamese Club	Bangkok	♦
Paste Bangkok	Bangkok	♦
Jiangnan Wok	Nanjing	♦♦
Wujie(Nanjing Deji Plaza)	Nanjing	♦
The LONG YIN	Nanjing	♦
Plum garden(Jinling Hotel)	Nanjing	♦
MIGIWASEMI	Nanjing	♦
Fortune Pavilion	Ningbo	♦
Feast Modern Restaurant(Huaishu Road)	Ningbo	♦
Ming Court	Ningbo	♦
SEAFOOD HOUSE	Ningbo	♦
ZHUANGYUANLOU RESTAURANT	Ningbo	♦
SHANG YI AQUATIC(Fengge Shang Pin)	Ningbo	♦
Chef's Table at Brooklyn Fare	New York	♦♦♦
Eleven Madison Park	New York	♦♦♦
Le Bernardin	New York	♦♦
Per Se	New York	♦♦
Decoy Bar	New York	♦
Jungsik	New York	♦
Marea	New York	♦
Peter Luger Steak House	New York	♦
Tori Shin	New York	♦
Hao Noodle	New York	♦
Zhu Hai	Shantou	♦♦
LIN MANSION FROM CHAOZHOU	Shantou	♦

NAME	CITY	DIAMOND
Fu Yuan	Shantou	◆
JIANYE RESTAURANT(Fenghuangshan Road)	Shantou	◆
Ultraviolet by Paul Pairet	Shanghai	◆◆◆
Fu He Hui	Shanghai	◆◆◆
Amazing Chinese Cuisine	Shanghai	◆◆◆
8½ Otto e Mezzo BOMBANA	Shanghai	◆◆
L'Atelier de Joël Robuchon	Shanghai	◆◆
Le Comptoir de Pierre Gagnaire	Shanghai	◆◆
Le Rivage	Shanghai	◆◆
DaDong (Park Place)	Shanghai	◆◆
Fu 1015	Shanghai	◆◆
Royal China Club	Shanghai	◆◆
Seventh Son Restaurant(Jing'an)	Shanghai	◆◆
Ming Court	Shanghai	◆◆
Maggie 5	Shanghai	◆◆
XinRongJi(West Road Nanjing)	Shanghai	◆◆
Yong Yi Ting	Shanghai	◆◆
Yong Fu	Shanghai	◆◆
River Drunk	Shanghai	◆◆
Alan's Bistro	Shanghai	◆
Bistro 321 Villa LE BEC	Shanghai	◆
Bistro Sola	Shanghai	◆
Bo Shanghai	Shanghai	◆
Mercato by Jean-Georges	Shanghai	◆
Mr & Mrs Bund - Modern Eatery by Paul Pairet	Shanghai	◆
OPPOSITE by Jenson & Hu	Shanghai	◆
PRIMO1	Shanghai	◆
Solo Enoteca & Ristorant	Shanghai	◆
SUSHI YANG	Shanghai	◆
Chanyi · Jingguantang	Shanghai	◆
Kohane	Shanghai	◆
Wujie (Shanghai Xujiahui Park)	Shanghai	◆

NAME	CITY	DIAMOND
PHÉNwIX eatery & bar	Shanghai	◆
Fu 1088	Shanghai	◆
Forfun Aquatic Development	Shanghai	◆
JiYue Catering (Jinjiang Food Plaza)	Shanghai	◆
Exquisite Bocuse (Plaza 66)	Shanghai	◆
Kanpai Classic	Shanghai	◆
Lei Garden(IAPM)	Shanghai	◆
Hotpot Upstair(Maoming Road)	Shanghai	◆
Sushi Naramoto	Shanghai	◆
Spring Pujiang	Shanghai	◆
Kokorowa	Shanghai	◆
Sushi Naoki	Shanghai	◆
Ruth's Chris Steak House	Shanghai	◆
RUIHUA VILLA	Shanghai	◆
Sushitaro•Ten	Shanghai	◆
Scarpetta	Shanghai	◆
Jade Mansion	Shanghai	◆
Xindalu-China Kitchen	Shanghai	◆
Shanghai Restaurant of Central Hotel Shanghai	Shanghai	◆
Hotpot Sun(Xintiandi)	Shanghai	◆
Yu Zhi Lan	Shanghai	◆
Imperial Treasure Fine Chinese Cuisine	Shanghai	◆
ZI FU HUI	Shanghai	◆
Oriental House(Jing'an Kerry Centre)	Shanghai	◆
Voisin Organique	Shenzhen	◆
Kanpai Classic(Ping'an IFC)	Shenzhen	◆
Lei Garden(South Bao'an Road)	Shenzhen	◆
SUSHI ICHI(Great China IFC)	Shenzhen	◆
Zhuo Yue Xuan	Shenzhen	◆
SUSHI YOTSUBA(Oversea Chinese Town)	Shenzhen	◆
Teng	Shenzhen	◆
Donghai Seafood Restaurant	Shunde	◆◆

NAME	CITY	DIAMOND
SHUN FENG RESTAURANT(Daliang)	Shunde	◆
Song Ji Restaurant	Shunde	◆
Fish Restaurant(Fengcheng Food Street)	Shunde	◆
Zhu Rou Po Restaurant	Shunde	◆
Wujie(Eslite Suzhou)	Suzhou	◆
HUA CHI 88(HYATT Suzhou)	Suzhou	◆
SU SHOW(Ligongdi)	Suzhou	◆
DRAGON MOON	Suzhou	◆
Tai He · Hot Put Red	Suzhou	◆
THE CATE WORLD	Suzhou	◆
Mume	Taipei	◆◆
RAW	Taipei	◆◆
Marshal Zen Garden	Taipei	◆
Shin Yeh Dining	Taipei	◆
XinRongJi(Linghu)	Taizhou	◆◆◆
XinRongJi(Center Avenue)	Taizhou	◆◆
LAOBIAN RESTAURANT	Taizhou	◆
ER DUO YAN	Tianjin	◆
JinCai Collection(Zhongbei Town)	Tianjin	◆
JIN House	Tianjin	◆
No.1 Restaurant	Wuhan	◆
HU BIN HOUSE	Wuhan	◆
KANG-LONG-TAI-ZI RESTAURANT(Garden)	Wuhan	◆
ZIZI 021 Dining hall	Wuhan	◆
FAN	Xi'an	◆
HAISHI RESTAURANT	Xi'an	◆
HU PAN(HYATT Xi'an)	Xi'an	◆
LOTUS	Xi'an	◆
LOTUS RESTAURANT(Zhuque)	Xi'an	◆
REALLOVE CHANGAN	Xi'an	◆
CHIC1699(Jianfa Center)	Xiamen	◆
NO 8 RED HOUSE	Xiamen	◆

NAME	CITY	DIAMOND
Shang Qing Ben Gang	Xiamen	♦
Howard's Gourmet	Hong Kong	♦♦♦
Lung King Heen	Hong Kong	♦♦♦
Sushi Shikon	Hong Kong	♦♦♦
8½ Otto e Mezzo BOMBANA	Hong Kong	♦♦
Caprice	Hong Kong	♦♦
L'Atelier de Joël Robuchon	Hong Kong	♦♦
Ta Vie Restaurant	Hong Kong	♦♦
VEA Restaurant & Lounge	Hong Kong	♦♦
AMBER by Richard Ekkebus	Hong Kong	♦♦
Nikushou	Hong Kong	♦♦
Tin Lung Heen	Hong Kong	♦♦
I M Teppanyaki & Wine	Hong Kong	♦♦
Yan Toh Heen	Hong Kong	♦♦
Bo Innovation	Hong Kong	♦
The Chairman Restaurant	Hong Kong	♦
Ko Lau Wan	Hong Kong	♦
Spring Moon	Hong Kong	♦
Ming Court	Hong Kong	♦
T'ang Court	Hong Kong	♦
Celestial Court Chinese Restaurant	Hong Kong	♦
Man Wah	Hong Kong	♦
Odette	Singapore	♦♦♦
Corner House	Singapore	♦♦
JAAN	Singapore	♦♦
Les Amis	Singapore	♦♦
Burnt Ends	Singapore	♦
Candlenut	Singapore	♦
Summer Pavilion	Singapore	♦
Qu Yuan Cha She	Yangzhou	♦♦
Yang Zhou Yan(Slender West Lake)	Yangzhou	♦♦
XI SHI LOU(Wanda Plaza)	Yangzhou	♦
Oxalis(Closed)	Shanghai	♦

Information on this book was collected before Janaurary 10th, 2019.